DON BOSCO
VERLAG

Jakobine Wierz

Kreative Mal- und Zeichenspiele für Kindergruppen

Don Bosco

In der Reihe „Lebendige Kita" außerdem lieferbar:

Kreisspiele, ISBN 3-7698-1305-7
Bewegungsspiele, ISBN 3-7698-1306-5
Entspannungsspiele, ISBN 3-7698-1275-1
Spiele zum Abbau von Aggressivität, ISBN 3-7698-1391-X
Wahrnehmungsspiele mit Alltagsmaterial, ISBN 3-7698-1313-8

Bibliografische Information Der Deutschen Bibliothek

Die Deutsche Bibliothek verzeichnet diese Publikation in der Deutschen Nationalbibliografie; detaillierte bibliografische Daten sind im Internet über <http://dnb.ddb.de> abrufbar.

1. Auflage 2003 / ISBN 3-7698-1390-1

Umschlaggestaltung: Alexandra Paulus, Ensdorf
Illustrationen: Jakobine Wierz, Trier
Produktion: Don Bosco Grafischer Betrieb, Ensdorf

Gedruckt auf umweltfreundlichem Papier

Inhalt

Was ist das Besondere dieser Mal- und Zeichenspiele?

Malen und Spielen sind Tätigkeiten, mit denen sich Kinder gerne beschäftigen, denn sie machen Spaß. Warum also nicht beide Aktivitäten miteinander verbinden? Durch diese Kombination können Kinder spielerisch und gestalterisch Kompetenzen erwerben, welche sie für ihre eigene Entwicklung brauchen. Der pädagogische Zweck soll jedoch gar nicht stark im Vordergrund stehen, sondern vielmehr der Spaß am Malen, Gestalten und Experimentieren im Spiel.
Mal- und Zeichenspiele machen Kindern Mut, den eigenen kreativen Ideen zu trauen und diesen zu folgen. Da es nur wenige Spiele gibt, welche man mit sich alleine austragen kann, bedeutet Spielen immer auch gleichzeitig in einer Gemeinschaft aktiv zu sein. Malen in der Gruppe stellt somit bei fast allen hier vorgestellten Malspielen einen wichtigen Schwerpunkt dar. Denn das Arbeiten in einer Gemeinschaft macht stark und gibt gerade schwächeren oder unmotivierten Kindern neuen Mut zu eigenem Tun innerhalb der Gruppenarbeit. Dass niemand allein vor einem weißen Blatt und vor Malmaterialien sitzt, mag anfangs nicht nur für die Kinder eine ungewohnte Situation sein. Das heißt auch für die Erzieherin, ausgetretene Pfade zu

verlassen und die Kinder mit originellen Malsituationen zu konfrontieren.

- Dabei weicht der oftmals für Kinder **abstrakten Aufforderung:** „Mal doch mal ein Bild zum Thema …“ **konkreten Spielregeln** eines Malspieles.
- Dabei weichen **schwierige Themen spielerischen Herausforderungen.**
- Häufig weicht das Malen **eines eigenen Bildes,** dem Malen eines **gemeinsamen** Bildes.
- Dabei weicht **konkretes Malen experimentellen Vorgehensweisen.**
- **Ängste und Unsicherheiten weichen der Freude** am gemeinsamen spielerischen Gestalten.
- Dabei weicht **die Unterscheidung zwischen richtig und falsch, gut und schlecht einem gemeinsamen Erfolgserlebnis.**

Kinder und Erwachsene werden gleichberechtigte Partner mit gleichen Malvorrausetzungen in den Aufgabenstellungen. So wird kein Kind entmutigt, sondern motiviert, sich auf kreative Aufgaben einzulassen und an ihnen Freude zu haben. Dabei entstehen mit viel Spaß farbenfrohe oftmals expressive Bilder, welche an berühmte Meister wie Miro, Kandinsky oder Picasso erinnern.
Für die im Buch vorkommenden Spiele sind einige Materialien notwendig. Diese sind einfach zu besorgen oder selbst herzustellen:

Würfel

Neben den bekannten Zahlenwürfeln werden in einigen Spielen auch andere Würfel benötigt, die man leicht selber machen oder aber in Spielzeughandlungen kaufen kann. Wenn Sie diese Würfel selbst herstellen möchten, bietet es sich an, Holzblankowürfel zu kaufen, welche in jedem Bastelladen oder aber auch in größeren Mengen bei Lehrmittelverlagen erhältlich sind.

- **Formenwürfel:** Malen Sie auf je zwei Seiten des Blankowürfels je ein Dreieck, ein Quadrat und einen Kreis.
- **Farbwürfel:** Malen Sie je eine Seite des Würfels rot, grün, gelb, blau, schwarz und weiß.
- **Ich-du-wir-Würfel:** Schreiben Sie auf je zwei Seiten ich, du, wir.
- **Ein Würfel mit ein bis drei Augenzahlen:** Malen Sie auf je zwei Seiten des Würfels ein Auge, zwei Augen und drei Augen.
- Ein **Buchstabenwürfel:** Dazu wird ein Blankowürfel mit sechs beliebigen Buchstaben beschriftet.

Spielfiguren

Als Spielfiguren können Sie die verschiedensten Gegenstände verwenden. Knöpfe, farbige angemalte Korken, bunte Flaschendeckel, bunt angemalte Kieselsteine usw.

Auf die Plätze – fertig – los!

Kreatives mit Würfeln und Brettspielen

Würfel sind im Zusammenhang mit Spielen nicht mehr weg zu denken. Das umfangreiche Angebot an Würfeln auf dem Spielzeugmarkt zeugt davon. So gibt es Augenwürfel mit den unterschiedlichsten Augenzahlen, Farbwürfel, Buchstaben- und Notenwürfel. Viele davon werden auch in den nächsten Kapiteln Einsatz finden. Zahlenwürfel in Kombination mit andern Würfeln bestimmen im folgenden Kapitel das Glück der Spieler. Sie geben die Regeln zur Gestaltung der Bilder vor. So gibt der Formenwürfel z. B. die Form vor, mit der der jeweilige Spieler malen darf oder der Farbenwürfel die Farben, die zum Einsatz kommen dürfen. Es handelt sich also bei den Würfeln um Impulsgeber, durch deren Einsatz experimentelle, zufallsgesteuerte Bilder entstehen. Würfel kommen häufig bei Brettspielen zum Einsatz. Brettspiele werden auch das nächste Kapitel bestimmen. Dabei werden die Kinder nicht erst während des Spieles kreativ, sondern bereits bei der selbstständigen Gestaltung des Spielbrettes. Ihnen wird bei der Gestaltung so viel Freiraum gelassen wie möglich und so viele Regeln vorgegeben wie nötig, um das Spielfeld herzustellen. Nach der Gestaltung des Spielbrettes rückt das gemeinsame Spiel in den Mittelpunkt, indem die Kinder gemeinsam zeichnend und malend kreativ werden.

Linienbild

In diesem Spiel gibt der Zahlenwürfel die Anzahl der Linien vor, welche jedes Kind malen darf, wenn es an der Reihe ist. Ganz leicht und mit viel Spielspaß entsteht dabei ein kleines Kunstwerk.

Material:
Zeichenpapier DIN A3, Edding, Temprafarbe, Pinsel, Becher, Zahlenwürfel, Klebeband

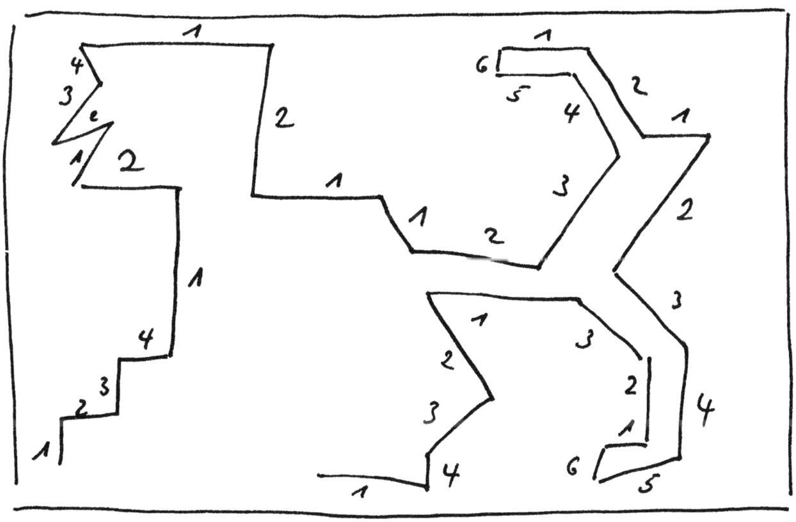

Die Kinder bilden **Vierer-Gruppen.** Jede Gruppe erhält einen Zahlenwürfel. In der Mitte des Tisches liegt das Zeichenpapier, das mit Klebeband am Tisch fixiert wird. Im Uhrzeigersinn darf jeder Spieler würfeln. Die gewürfelten Augenzahlen entsprechen der Anzahl der Strichzüge, welche die Kinder auf dem gemeinsamen Zeichenpapier festhalten. Dabei sollen sie die gesamte Zeichenfläche ausnützen Die Kinder spielen nach folgenden Regeln:

- Die Augenzahlen geben die Anzahl der Linien vor, welche gemalt werden dürfen.
- Jeder Mitspieler zeichnet dort weiter, wo sein Vorgänger zu malen aufgehört hat.
- Linien dürfen einander überkreuzen.
- Linien dürfen nie doppelt übermalt werden.
- Gespielt werden 15 Spielrunden.
- Nach den 15 Spielrunden malen die Kinder das Bild gemeinsam farbig aus.

Fantasiedrachen

Material:
Zeichenpapier DIN A 3, Filzstift, Geldstück, Klebeband

In diesem Spiel bestimmt ein Geldstück das Entstehen des Fantasiedrachens. Nach wie vielen Runden wird er wohl Feuer spucken? Zu diesem Spiel bilden die Kinder **Dreier-Gruppen.** Jede Gruppe erhält ein gemeinsames Zeichenblatt, das die Kinder mit Klebeband auf dem Tisch fixieren. Die Aufgabe für die Kinder besteht darin, gemeinsam einen Drachen zu malen. Als „Würfel“ steht den Kindern ein Geldstück zur Verfügung. Die Kinder spielen nach folgenden Regeln:

- Zeigt die Münze eine Zahl, so darf das Kind einen Zeichenzug machen.
- Zeigt sie Kopf, dürfen zwei Züge gemalt werden. Dabei muss jedes Kind dort weiter malen, wo sein Partner zuvor mit seinem Strichzug aufgehört hat.
- Die Kinder sollten im Eifer des Spieles nicht vergessen, dass am Ende des Spieles ein Drachen entstehen soll.

Phantastofant

Die Kinder malen mit Punkten ein Phantasietier. Dieses Tier dient später als Spielbrett.

Vier Kinder gestalten gemeinsam einen Phantastofant. Dazu erhalten sie ein kariertes Zeichenblatt pro Gruppe. Die Karos sollen den Kindern als Orientierung bei der Darstellung des Tieres dienen. Mit den Karos erstellen die Kinder gemeinsam die Form ihres Phantastofanten. Dazu setzen sie in jedes Karo, das zu dem Phantastofant gehören soll, einen Punkt. Wichtig ist dabei, dass die Kinder die

Material:
kariertes Blatt Papier, Füllfederhalter, Würfel mit drei Augen, Tintenkiller, Linsen

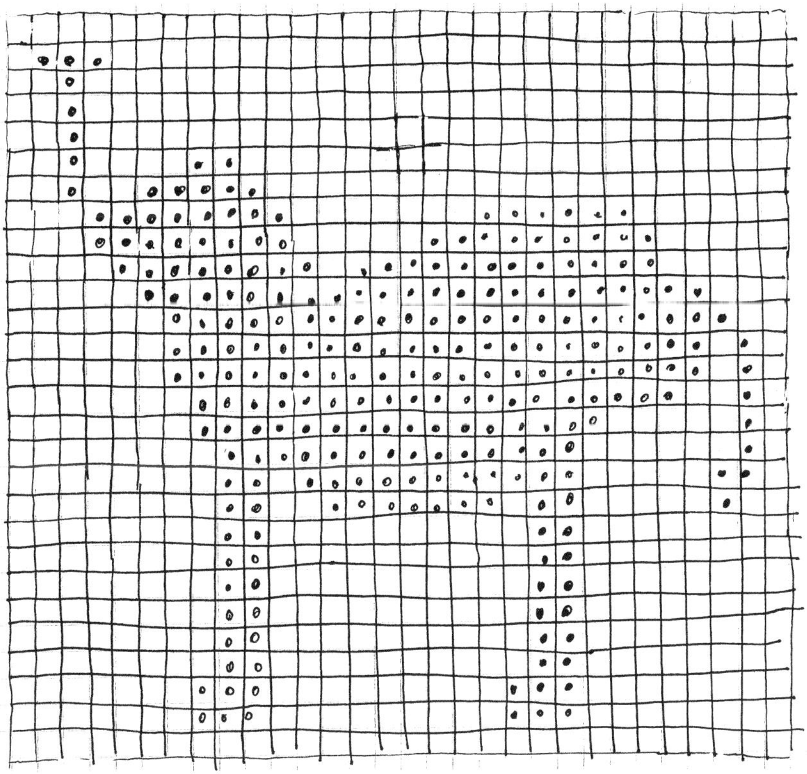

Figur möglichst über das ganze Blatt verteilen und es sorgfältig ausgestalten. Besteht der Phantastofant aus ungefähr 120 Punkten kann das Spiel beginnen.
Dazu stellt der Spielleiter eine Schüssel mit getrockneten Linsen auf den Tisch. Die Kinder würfeln reihum. Entsprechend der gewürfelten Augenzahl darf das Kind die Punkte des Phantastofanten mit dem Tintenkiller löschen. In Form von Linsen darf es sich die ausradierten Punkte aus der Schüssel herausnehmen. Diese sammeln die Kinder im Laufe des Spieles. Gegen Ende des Spiels müssen die Kinder versuchen, daraus einen kleinen erkennbaren Gegenstand zu legen. Das Spiel ist zu Ende, wenn sich kein Punkt mehr auf dem Zeichenblatt befindet. Gewonnen hat das Kind, welches die meisten Spielsteine erworben und einen erkennbaren Gegenstand gelegt hat.

Los geht's auf Urlaubsfahrt

Material:
Zeichenpapier DIN A3, Bleistift, Kugelschreiber oder Filzstift, 2 Buchstabenwürfel mit unterschiedlichen Buchstaben, Klebeband

Verschiedene Buchstabenwürfel geben in diesem Spiel den Malimpuls. Dabei geht es um das gemeinsame Beladen eines Autos, mit dem die Kinder in Urlaub fahren möchten. Kaum zu glauben, was alles so benötigt wird, wenn es in den Urlaub geht!

Maximal **fünf Kinder** spielen miteinander. Gemeinsam erhalten sie einen Bogen Zeichenpapier. Diesen fixieren sie mit Klebeband auf dem Maltisch. Der Spielleiter oder die Kinder malen auf die Blattunterkante ein Auto mit einem großen Dachträger. Diesen gilt es während des Spieles für den Urlaub zu beladen. Dazu würfeln die Kinder mit zwei Buchstabenwürfeln. Das Kind mit einer Zahnlücke darf beginnen. Einer der beiden gewürfelten Buchstaben bestimmt den Gegenstand, den der Spieler auf den Dachträger aufmalen muss. Aus den beiden erwürfelten Buchstaben darf sich der Spieler einen auswählen. Das ist der Anfangsbuchstabe für den Gegenstand, den das Kind mitnehmen möchte. Anschließend muss es diesen Gegenstand auf den Dachgepäckträger malen. Der Dachträger wird so lange bemalt, bis das gesamte Blatt mit Reiseutensilien gefüllt ist.

Das Würfelbild

Material: Zahlenwürfel, schwarzer Edding, großer Bogen Zeichenkarton DIN A2 pro Spielgruppe, Deckmalfarben, Pinsel, Becher

In diesem Spiel bestimmt ein Zahlenwürfel, welche Formen und Linien die Kinder malen dürfen.
Die Kinder bilden **Vierer-Gruppen.** Gemeinsam sitzen sie um den mit Klebeband fixierten Zeichenkarton. Dieser Zeichenkarton dient allen Kindern als Malfläche.
Ein Auge bedeutet: Die Kinder dürfen eine Spirale mit dem Edding malen.
Zwei Augen bedeuten: Die Kinder dürfen einen Kreis mit dem Edding malen.
Drei Augen bedeuten: Die Kinder dürfen eine Wellenlinie mit dem Edding malen.
Vier Augen bedeuten: Die Kinder dürfen ein Viereck mit dem Edding malen.
Fünf Augen bedeuten: Die Kinder dürfen ein Dreieck mit dem Edding malen
Sechs Augen bedeuten: Die Kinder dürfen eine Zickzacklinie mit dem Edding malen.
Die Kinder dürfen ihre Linien frei auf dem Zeichenbogen anordnen. Dabei sollten sie jedoch darum bemüht sein, sich das gesamte Blatt zu erobern, indem sie die Strichlängen und Formengrößen variieren.
Die Kinder spielen fünfzehn Runden. Danach malen sie das Bild farbenfroh mit Deckmalfarben gemeinsam aus.

Tipp: Was bei welcher Augenzahl gemalt werden darf, kann frei variiert werden. So kann das Spiel immer wieder einen neuen zusätzlichen Reiz erhalten.
Das Bild kann auch von einem Kind allein gemalt werden.

Ein Dorf entsteht

Über das Würfeln mit zwei verschiedenen Würfeln entsteht im nachfolgenden Spiel ein kleines Dorf. Aus wie vielen Häusern wird das Dorf nach dem Spiel wohl bestehen?

Drei Kinder sitzen gemeinsam um den Maltisch, auf welchem das Zeichenpapier befestigt ist. Die Kinder würfeln im Uhrzeigersinn, das Kind mit der kleinsten Schuhgröße darf beginnen.

Gemeinsam soll ein kleines Dorf gemalt werden. Die gewürfelte Augenzahl bestimmt, wie viele Häuser gemalt werden müssen. Der Ich-du-wir-Würfel entscheidet, wer die Häuser des Dorfes malen wird.

Wird „Ich" vom Spieler gewürfelt, muss dieser selbst die Häuser malen. Wird „Du" gewürfelt, muss der Spieler einen seiner Mitspieler bestimmen, der die Häuser malen soll. Wird „Wir" gewürfelt, müssen die Kinder gemeinsam die Häuser malen.

Die Kinder spielen zwischen 5 und 10 Runden.

Material:
DIN A2 großes Zeichenpapier, schwarzer Edding, ein Zahlenwürfel mit drei Augen, ein Ich-du-wir-Würfel

Tiere würfeln

Material:
Zeichenpapier DIN A4, Bleistift, Kugelschreiber oder Filzstift, Zahlenwürfel

Der Würfel bestimmt in diesem Spiel, wie ein Tier zu malen ist. Dabei geben die Augenzahlen die Reihenfolge an, in der die Kinder Einzelteile des Tieres wie Kopf, Hals usw. aneinander fügen dürfen. Wer wird wohl als erster drei seiner Tiere vollständig ermalt haben?

Bis zu **fünf Kinder** spielen miteinander. Jedes Kind erhält einen Stift und einen Bogen Papier. Es wird im Uhrzeigersinn gewürfelt, das Kind mit den kleinsten Füßen darf beginnen. Dieses überlegt sich ein Tier, welches es malen möchte, gibt dieses aber den anderen nicht preis. Folgende Regeln gelten:

- Ein Auge bedeutet, das Kind malt einen Schwanz.
- Zwei Augen bedeuten, das Kind malt einen Kopf.
- Drei Augen bedeuten, das Kind malt einen Körper.
- Vier Augen bedeuten, das Kind malt die Beine.
- Fünf Augen bedeuten, das Kind malt den Hals des Tieres.
- Sechs Augen bedeuten, das Kind darf sich einen Körperteil, den es nicht erwürfeln kann, der aber typisch für sein Tier ist, aussuchen und dem Tier hinzufügen.
- Würfeln die Kinder dieselben Augenzahlen mehrmals, müssen die Kinder immer wieder neue Tiere beginnen oder die begonnenen Tiere vervollständigen.

Streichholzschachtelmalerei

Streichholzschachteln und ein Zahlenwürfel sind den Kindern in diesem Spiel behilflich, um ein kooperatives Bild auf spielerische Weise entstehen zu lassen. Dabei können die Kinder in fantasiereichen und glitzernden Mustern schwelgen.

Die Kinder bilden **Dreiergruppen.** Jede Dreiergruppe erhält einen Bogen Zeichenpapier und einen Würfel. Die Kinder fixieren ihr Zeichenblatt mit Klebeband in der Mitte des Maltisches. Gewürfelt wird im Uhrzeigersinn. Jeder Spieler darf, wenn er an der Reihe ist, Seiten der Streichholzschachtel in der Anzahl seiner Augenzahlen umfahren. Dabei soll sich Schachtel an Schachtel reihen. Ausgestaltet werden die Schachteln immer abwechselnd mit schön gemalten Mustern oder glänzender Folie. Gelingt es einem Kind, mit seiner Augenzahl ein Rechteck zu schließen, so darf es dieses Rechteck bunt mit einem Farbenmuster ausmalen. Kann es noch ein weiteres Kästchen schließen, darf es dieses mit glitzernder Folie auskleben. Das nächste Kästchen wird wieder ausgemalt, dann wieder beklebt usw. Die Kinder spielen 15 Runden. Dabei zählt jedes Kind die Kästchen, die es selbst schließen konnte. Gewonnen hat das Kind, das die meisten Kästchen ausgestalten konnte.

Material:
Zeichenpapier DIN A3, Edding, Streichholzschachtel, glänzende Folie (Alufolie, Silberpapier von Schokolade oder Pralinen), Filzstifte, 1 Zahlenwürfel pro Gruppe, Klebeband

Die Matratze der Prinzessin auf der Erbse

Material:
bunte Filzstifte in Rot, Gelb und Blau, Papier, schwarzer Filzstift, Zeichenpapier DIN A2, Würfel mit drei Augen, Klebeband

Zu diesem Spiel ist die Geschichte der Prinzessin auf der Erbse die Vorlage. Wer möchte, kann die Geschichte diesem Spiel voranstellen. Ein Würfel bestimmt, welcher Spieler mit seiner Farbe eine der vielen Matratzen der Prinzessin bemalen darf.

Die Kinder bilden **Dreiergruppen.** Gemeinsam erhalten sie einen Bogen Zeichenpapier. Die Kinder fixieren das Papier vor sich auf dem Maltisch. Gemeinsam teilen die Kinder das Zeichenpapier horizontal entsprechend der Zeichnung in möglichst viele Streifen ein. Diese Streifen stellen die vielen Matratzen der Prinzessin auf der Erbse dar. Die letzte Linie ziehen die Kinder im Abstand von ungefähr 10 cm vom oberen Bildrand. Dann erhalten die Kinder als Namen eine Zahl von 1-3 entsprechend der Augenzahlen des Würfels. Jedes Kind nimmt sich einen anders farbigen Filzstift. Dann kann das Spiel beginnen. Die Kinder würfeln. Das Kind mit den längsten Haaren darf als erstes würfeln. Es wird nach folgenden Regeln gespielt:

- Wird die 1 gewürfelt, ist der Spieler mit der Nr. 1 an der Reihe.
- Wird die 2 gewürfelt, ist der Spieler mit der Nr. 2 an der Reihe.

- Wird die 3 gewürfelt, ist der Spieler mit der Nr. 3 an der Reihe.
- Wer von den Spielern erwürfelt wird, muss einen Streifen d. h. eine Matratze mit seinem Stift in einem beliebigen Muster ausgestalten. Dieser Spieler nimmt den Würfel und erwürfelt den nächsten Maler.
- Die Streifen werden der Reihe nach von unten nach oben ausgemalt.
- Die Muster dürfen sich nicht wiederholen. Ist die letzte Matratze mit einem Muster ausgemalt, zählt jedes Kind die Streifen, die es mit seiner Farbe ausgemalt hat, zusammen. Das Kind, welches die meisten Matratzen ausgemalt hat, ist der Gewinner. Er darf die Prinzessin auf der Erbse auf die Matratze malen.

Das bunte Formenspiel

Bei diesem Spiel ist der Weg das Ziel. Die Kinder gestalten mit sich überschneidenden Formen ihr Spielbrett, welches anschließend für ein Spiel gebraucht wird.

Material:
ein Bogen Papier DIN A3, Buntstifte oder Filzstifte in den Farben des Farbenwürfels, ein schwarzer Edding, Farbwürfel, ein Augenwürfel

Dieses Spiel ist ein kooperatives Brettspiel für **bis zu vier Kinder.** Mit dem Edding malen die Kinder ihr Spielfeld, indem sie nacheinander Formen (Dreiecke, Quadrate, Kreise) auf das Papier zeichnen. Dabei ist es wichtig, dass sich die Formen mindestens einmal überschneiden müssen. Nur das erste Kind darf seine Form frei auf das Blatt setzen. Bei vier Kindern werden vier Runden gezeichnet. Danach nummerieren die Kinder alle entstandenen Felder mit den Ziffern von 1 bis 6 durch.

Dann kann das Spiel starten: Das Kind mit dem kleinsten kleinen Finger darf beginnen. Die Kinder würfeln im Uhrzeigersinn. Jedes

Kind würfelt gleichzeitig mit einem Augen- und einem Farbenwürfel. Das Kind wählt ein Feld aus, das seiner Augenzahl entspricht. Dieses Spielfeld darf es mit der erwürfelten Farbe bunt ausgestalten. Dann darf der nächste Spieler würfeln und ausmalen. Wie wird wohl später das Bild aussehen?

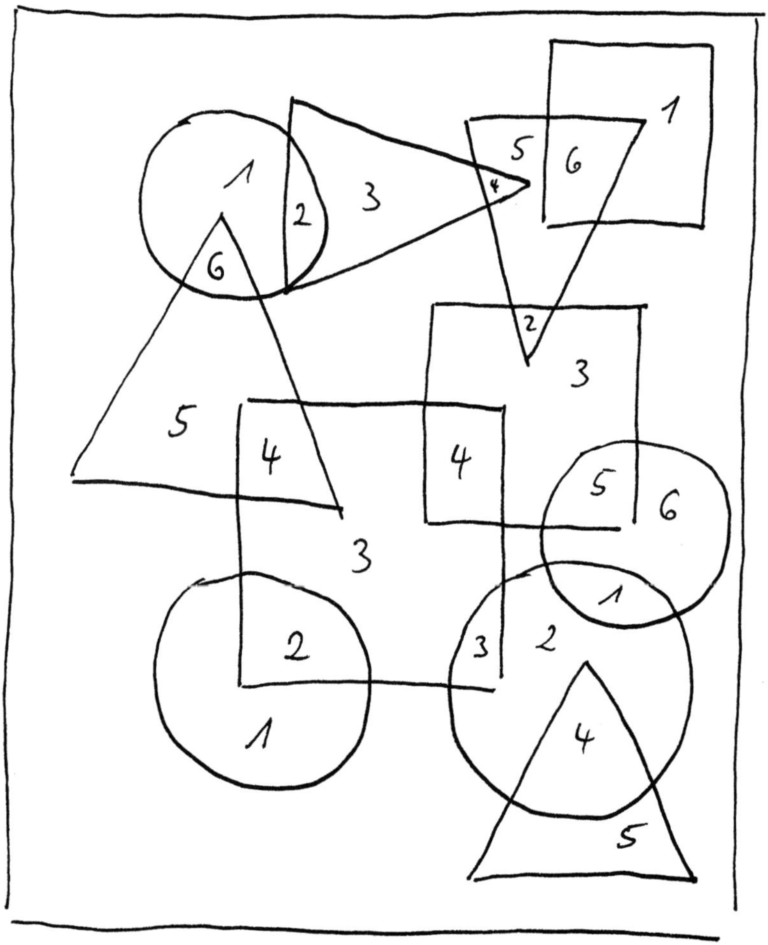

Ich – du – wir

Ein Ich-du-wir-Würfel bestimmt in diesem Spiel, wer von den Spielern einen Teil des Bildes ausmalt.

Material:
ein großer Bogen Zeichenpapier, Bleistift, Deckmalfarben oder Filzstifte, Ich-du-wir-Würfel

Drei Kinder erhalten gemeinsam einen großen Bogen Zeichenpapier. Diesen teilen die Kinder entsprechend der Zeichnung wie einen großen Kuchen ein. Die einzelnen Felder nummerieren sie mit Bleistift durch. Der so gestaltete Bogen Zeichenpapier stellt die Spiel- und Malfläche da. Dann kann es losgehen. Die Kinder beginnen bei Spielfeld Nr. 1. Der jüngste Spieler würfelt mit dem Ich-du-wir-Würfel und entscheidet damit, wer das erste Feld ausmalen darf.

- Zeigt der Würfel „Ich“ an, dann darf der würfelnde Spieler das Feld ausmalen.
- Zeigt der Würfel „Du“ an, darf das würfelnde Kind einen der beiden anderen Spieler bestimmen, welcher das entsprechende Feld ausmalt.
- Zeigt der Würfel „Wir“ an, dürfen alle drei gemeinsam das Feld ausmalen. Anschließend wird um das nächste Feld gewürfelt.

Das Spiel ist beendet, sobald alle Felder ausgemalt sind.

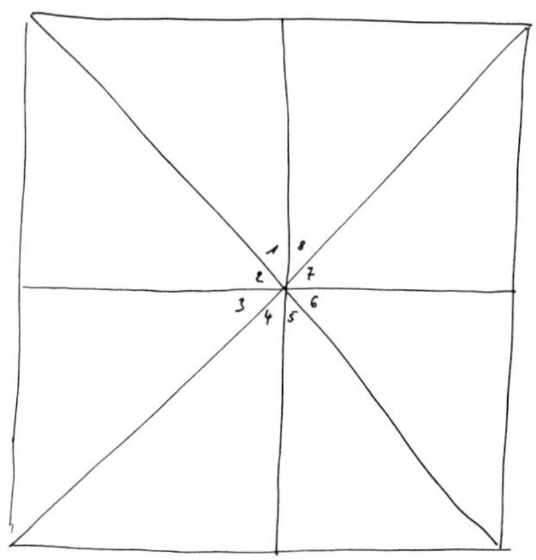

ABC-Spiel

Material:
Bogen Zeichenpapier DIN A3, schwarzer Filzstift, Buntstifte, drei verschiedenfarbige Spielfiguren, Zahlenwürfel mit nur drei Augen

Während dieses Spieles haben die Kinder die Möglichkeit, das Spielfeld selbst mit Buchstaben zu gestalten. Anschließend können sie das gestaltete Spielfeld bespielen. Die Führung der Spielfigur wird dabei durch den Zahlenwürfel vorgegeben. Das dabei erreichte Buchstabenfeld gibt den Spielern den entsprechenden Malimpuls.

Bis zu sechs Kinder erstellen auf dem Zeichenpapier ein Spielbrett. Die Kinder legen ein Ziel- und ein Startfeld fest. Dann beschriften sie das Blatt mit 30 beliebigen Buchstaben, dabei sollte möglichst die Gesamtheit des Alphabetes von den Kindern ausgenutzt werden. Die Buchstaben sind die Spielfelder. Sie werden mit dem Filzstift in Form eines Kreises umrandet, dann bunt ausgemalt und mit Pfeilen miteinander verbunden.

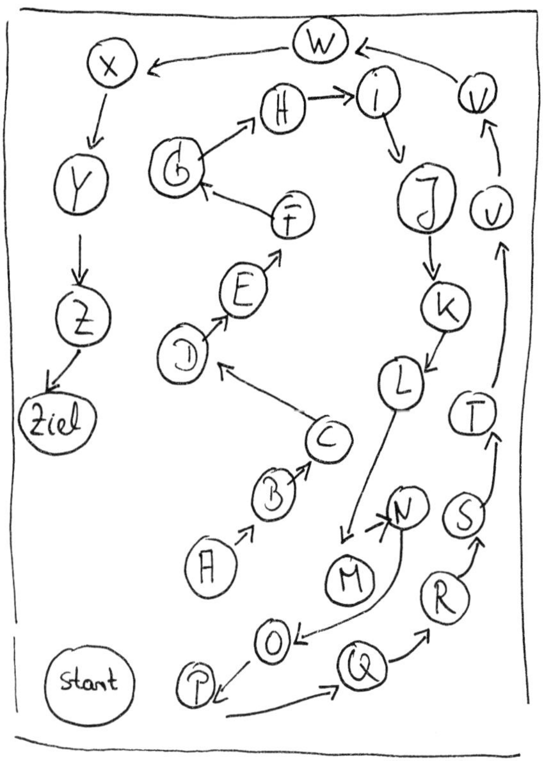

Jedes Kind sucht sich eine Spielfigur aus und platziert sie auf dem Startfeld. Schon kann das Spiel beginnen. Das jüngste Kind würfelt und setzt diese Augenzahl vor. Das Spielfeld, auf welchem das Kind zu stehen kommt, trägt einen bestimmten Buchstaben. Das Kind überlegt sich, welches Wort mit diesem Buchstaben beginnt. Hat es ein Wort gefunden, gibt es diesen Begriff nicht verbal an seine Mitspieler weiter, sondern nimmt sich ein Blatt Papier und malt den Begriff auf. Seine Mitspieler müssen dabei im Zeitablauf der Eieruhr den Begriff erraten. Wird der Begriff erkannt, darf der Spieler ein weiteres Feld vorrücken. Auch das Kind, welches den Begriff erraten hat, darf ein Feld vorrücken. Gewonnen hat der Spieler, der als erster das Ziel erreicht hat.

Pinsel am Stab

Der Farbwürfel gibt vor, mit welchen Farben die Kinder ein leuchtend buntes experimentelles Bild gestalten.

Es spielen bis zu **sechs Kinder** miteinander. Die Tapete rollen die Kinder am Boden aus und fixieren sie dort mit Klebefolie. Der Pinsel wird am Ende des Rundholzstabes mit Klebefolie festgeklebt. Nun kann das Spiel beginnen. Die Kinder würfeln nacheinander im Uhrzeigersinn mit dem Zahlen- und dem Farbwürfel zugleich. Fällt z. B. die Farbe Grün, macht nun der Spieler stehend einen großen Klecks mit dem Pinsel am Stab auf die Tapete. Hat er außerdem eine Eins gewürfelt, kann er seinen Klecks oder auch die Kleckse anderer mit schwarzer Kontur versehen. Auf diese Weise entsteht ein Gemeinschaftsbild voller Leuchtkraft.

Material:
Würfel mit drei Augen, Farbwürfel mit Orange, Gelb, Blau, Violett, Grün und Rot, Raufasertapete, Klebeband, Rundholzstab (ca. 80 cm lang), Temprafarbe in diesen Farbtönen und in Schwarz, Pinsel

Schoßsitzen

Bei diesem Spiel gestalten die Kinder ihre Spielkarten selber. **Mindestens 16 Kinder** bekommen je 4 Blanko-Bierdeckel. Jedes Kind erhält den Auftrag, mit Wachsmalstift je einen Baum, ein Haus, eine Blume und ein Tier auf einen Bierdeckel zu malen. Diese Bilder sind für das folgende Spiel die Spielkarten. Der Spielleiter sammelt alle Karten ein und mischt sie gut durch. Dann kann das Spiel beginnen. Dazu bilden die Kinder einen Stuhlkreis. Indem die Kinder Baum, Haus, Blume, Tier, Baum usw. durchzählen, wird jedem Kind im

Material:
Blanko-Bierdeckel, Wachsmalstifte

Stuhlkreis ein Symbol zugeteilt. Dann zieht der Spielleiter eine der Karten und nennt das Symbol der Karte. Jeder der Mitspieler dem dieses Symbol zuvor zugewiesen wurde, muss nun einen Platz nach links rücken und sich seinem Nachbarn auf den Schoß setzen. Der Spielleiter zieht die nächste Karte und die Spieler, denen dieses Symbol zugeteilt wurden, dürfen weiter nach links rücken usw. Die Spieler, bei denen allerdings noch jemand auf dem Schoss sitzt, dürfen nicht weiterrutschen, wenn ihr Symbol genannt wird. Das Spiel geht so lange, bis der erste Spieler wieder auf dem Platz sitzt, auf dem er das Spiel begonnen hat.

Fischfang

Material:
Schwarzer Filzstift, Filzstifte in sechs Farben, Zeichenpapier DIN A2, Würfel mit drei Augen, Klebeband

Mit einigen horizontalen und vertikalen Strichen entstehen beliebig viele verschieden große Kästchen. Sie stellen das Spielfeld dar. Während des Spieles bestimmt ein Augenwürfel, wie viele Fische jeder Spieler in die einzelnen Kästchen malen darf. Dabei entsteht ein buntes Fischbild.

Die Kinder bilden **Vierer-Gruppen.** Das Zeichenpapier fixieren sie mit Klebeband am Maltisch. Die Kinder sitzen sich am Tisch gegenüber. Sie malen ihr Spielbrett auf. Dazu teilen die Kinder entsprechend der Zeichnung ihr Zeichenpapier in zahlreiche beliebig viele große und kleine Felder ein. Diese Felder stellen Kisten dar, welche während des Fischfanges von den Kindern gefüllt werden. Dann erhält jedes Kind einen Filzstift in einer bestimmten Farbe.
Jetzt kann es losgehen. Die Kinder würfeln im Uhrzeigersinn und das jüngste Kind darf beginnen. Die Augenzahl bestimmt, wie viele Fische der Spieler in seiner Farbe in eine Kiste malen darf. Die Fische sollten musterreich ausgestaltet und in der Art (Tintenfisch, Seestern, Seepferdchen, Muscheln, Delphin, Hai, Forelle, Kugel-

fisch, Flunder usw.) variiert werden. Sind alle Kisten mit Fischen ausgemalt, ist das Spiel beendet. Die Kinder zählen nun die Fische in ihrer Farbe zusammen. Das Kind, welches die meisten Fische malen konnte, hat gewonnen.

Gemeinsam sind wir große Meister

Kreativität in der Gruppe erleben

Malen und Zeichnen ist in den Augen vieler Menschen eng verbunden mit einer Beurteilung zwischen „richtig“ und „falsch“, „gut“ und „schlecht“. Alle in diesem Buch vorkommenden Mal- und Zeichenspiele versuchen mit dieser Herangehensweise zu brechen. Besonders die in diesem Kapitel vorgestellten experimentellen Mal- und Zeichenspiele lassen keine Beurteilung von richtig und falsch zu, sondern fördern die Kooperation, ohne dabei Individualität und Persönlichkeit zu vernachlässigen. Gemalt wird immer gemeinsam unter experimentellen Bedingungen. Dabei werden alle gleich gefordert, ohne den einen zu überfordern und den anderen zu unterfordern. Alle arbeiten unter den gleichen Voraussetzungen. Wichtig dabei ist jedoch, dass sich alle als gleichberechtigte Spielpartner akzeptieren. Nur dann ist es für die Spieler möglich, sich auf die jeweiligen Partner einzulassen, nachzugeben oder sich durchzusetzen, sich führen zu lassen oder selbst einmal die Führung zu über-

nehmen. Durch das gemeinsame spielerische Malen wird sowohl dem Aspekt der individuellen Durchsetzungskraft als auch der partnerschaftlichen Rücksichtnahme Rechnung getragen und soziale Kompetenz spielerisch eingeübt und Persönlichkeit gefördert. Es entstehen ganz spielerisch expressive Bilder, welche von der Individualität, der Kooperationsfähigkeit und der Durchsetzungskraft der Kinder erzählen.

Malkampf

In diesem Spiel versuchen zwei Kinder mit dem gleichen Stift gleichzeitig dasselbe Motiv zu malen ohne sich dabei zu unterhalten. Wenn es da nicht zu einem wilden Hin- und Herschieben des Stiftes auf der Malfläche kommt! Die späteren Spuren auf Papier werden vom Malkampf erzählen.

Material:
Zeichenblatt DIN A3, Klebeband, Filzstift

Die Kinder bilden **Paare.** Das Zeichenblatt kleben die Kinder mit Klebeband auf dem Tisch fest. Nun erhalten die Paare einen Filzstift. Diesen halten sie gemeinsam fest. Der Spielleiter nennt den Kindern einen Begriff, welchen sie malen sollen. Dann kann es losgehen. Dabei dürfen die Kinder nicht sprechen. Es gibt also keine verbale Absprache unter den beiden Spielern. Ganz klar, dass es zu einer „zeichnerischen Kraftprobe“ kommt. Denn jedes Kind will Herr über das Papier sein und die eigene Vorstellung des Begriffs durchsetzen.

Farbenkampf

Material:
Temprafarben, Pinsel für jeden Spieler, Becher, ein Bogen Zeichenpapier DIN A3, Klebeband

Wut war noch nie so schön! Mit Farben können Kinder in einem gelenkten Spiel ihre Wut oder Aggression in Farbe ausleben. Dabei kommt es ganz bestimmt zu einer Farbenschlacht. Davon berichten später die bunten Spuren auf Papier.

Jeweils zwei Kinder setzen sich an der Schmalseite eines Tisches gegenüber und fixieren das Zeichenpapier mit Klebeband so auf der Arbeitsfläche, dass beide das Zeichenpapier zum Bemalen noch erreichen können. Dann sucht sich jedes Kind eine Farbe aus und der Farbenkampf kann beginnen. Die Kinder reichern ihren Pinsel mit ihrer Farbe an. Der Spielleiter erzählt eine Farbengeschichte von zwei Farben, welche keine Freundschaft schließen, sondern sich gegenseitig bekämpfen möchten. Dazu haben die Farben eine besondere Taktik:

1. Die Farben gehen in Stellung.
2. Sie schleichen sich zur Mitte hin an.
3. Sie gehen in Deckung.
4. Sie haben Angst voreinander und zittern.
5. Sie umkreisen sich.
6. Sie laden „Munition". (Die Pinsel nehmen erneut Farbe auf.)
7. Sie attackieren sich und schieben sich hin und her.
8. Sie ergreifen die Flucht.

Der Spielleiter nennt mit einer Unterbrechung von ungefähr 5 Sekunden die Punkte 1-7. Die Kinder setzen das Gehörte während des Erzählens malerisch um.
Danach beginnt die Freundschaftsphase. Die Kinder einigen sich gemeinsam auf eine Farbe, mit der sie den Hintergrund ausmalen.

Wortfolge-Malspiel

Material:
Tapete, Wachsmalstifte, Klebeband, Temprafarbe, Pinsel, Becher, Klebeband

Die Kinder malen während dieses Spieles gemeinsam ein zusammenhängendes Bild, dessen Motive sich aus einer Wortfolge ergeben. Wundersam wird dabei das Bild von Motiv zu Motiv erweitert. Was wird wohl am Ende für ein Bild dabei entstehen?

Das Spiel eignet sich für **bis zu fünf Kinder.** Die Kinder erstellen gemeinsam ein fantasievolles Bild aufgrund von zusammenhängenden Wörtern. Beispiel: Das erste Kind sagt Schiff, das zweite Kind Meer, das dritte Kind Fische, das vierte Kind Netz, das fünfte Kind Fischer usw. Nachdem das jeweilige Kind einen passenden Begriff assoziiert hat, malt es diesen auf die zuvor ausgerollte und auf dem Tisch oder Boden mit Klebeband fixierten Tapete. Die Kinder können das Spiel beliebig lange spielen. Bei einer neuen Wortfolge beginnen die Kinder mit einer neuen Malfläche. Gemeinsam können sie anschließend den Hintergrund mit Temprafarbe ausgestalten.

Sich auf den Stift des anderen einlassen

Material:
Zeichenpapier zwei verschieden farbige Filzstifte, Wolle, Seil oder Draht, Klebeband, Gummiband

In diesem Spiel geht es darum, dass die Kinder sich gegenseitig auf die Führung einlassen, bzw. das ein Kind sich malend so durchsetzt, dass der Spielpartner sich in dessen Führung ergeben muss.

Die Kinder bilden **Paare.** Jedes Paar erhält einen Bogen Zeichenpapier. Das Papier fixieren die Kinder mit Klebeband am Tisch. Die Spieler setzen sich einander gegenüber. Jeder Spieler hält einen Filzstift in der Hand. Diese beiden Stifte werden mit einem Gummi zusammengebunden. Dann kann das Malen beginnen. Dabei liegt es in der Hand des Spielleiters, ob die Kinder sich während des Malens absprechen dürfen oder ob die Kinder schweigend miteinander malen. Wer wird sich wohl beim Malen auf den anderen Spieler einlassen?

Der Marionettenstift

Material: Stift, Papier, vier Bindfäden

Bei diesem Spiel bestimmen vier Bindfäden die Führung des Malstiftes. Die Kinder bilden **Fünfergruppen.** Alle sitzen um den Maltisch. Ein Kind erhält einen Stift, an den oben 4,5 cm lange Fäden gebunden sind. Die anderen der Gruppen nehmen jeweils einen Faden auf. Den vier Kindern wird ein Begriff genannt. Diesen sollen sie durch Ziehen und Lockern ihrer Fäden aufmalen. Damit das klappt, müssen die Kinder sich beim Malen gut absprechen. Das Kind, welches den Stift in der Hand hält, darf ihn nicht beeinflussen. Es darf ihn nur locker halten.

Fantasiebaum

Material: Zeichenkarton 1,0 × 0,50 m, Temprafarbe, Pinsel, Becher, Wasser

Bei diesem Spiel malen vier Kinder auf einem Blatt je einen Baum gleichzeitig von vier Seiten aus. Welcher Baum wird später das Bild beherrschen? Dabei kommt es sicherlich zu wilden und stürmischen Übermalungsversuchen.

Die Kinder bilden **Vierergruppen.** Jede Gruppe erhält einen Zeichenkarton, den die Kinder mit Klebeband auf dem Tisch fixieren. Die Spieler stehen einander an den vier Seiten des Tisches gegenüber. Jedes Kind erhält einen anderen Baum als Malauftrag:

- Winterbaum
- Frühjahrsbaum

- Sommerbaum
- Herbstbaum

Jedes Kind soll versuchen, seinen Baum so entschlossen wie möglich über das gesamte Blatt zu malen. Die Kinder dürfen sich verbal nicht einigen, wie sie dabei vorgehen möchten. Schweigend beginnen die Kinder zu malen. Welcher Spieler wird wohl am schnellsten für sich die Malfläche erobern und mit seinem Baum die Führung übernehmen? Die Kinder müssen dabei flexibel reagieren und dürfen in diesem Zusammenhang auch bereits Gemaltes übermalen. Sobald jedoch ein Baum die absolute Führung übernommen hat, malen alle diesen Baum gemeinsam zu Ende.

Farbenmosaik

Material:
Schwarzer Filzstift, Zeichenpapier DIN A3, bunte Filzstifte

Hier geht es um das gemeinsame Assoziieren aus zufälligen Linien und eine daraus folgende Bildgestaltung. Spaß und Ideenreichtum können sich entfalten.

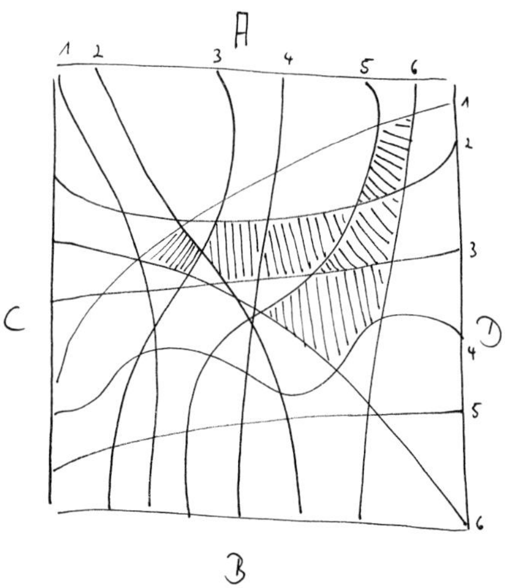

Die Kinder bilden **Sechsergruppen.** Das Zeichenpapier fixieren die Kinder mit Klebeband auf dem Maltisch. Anschließend zieht jedes Kind eine beliebige unregelmäßige Linie von Seite A nach B und von Seite C zu Seite D. So entstehen Felder. Diese werden in zwei Schritten ausgemalt:

1. Schritt: Die Kinder entscheiden sich gemeinsam für eine

Farbe, mit der sie sieben gemeinsam ausgesuchte Felder ausmalen. Diese Felder sollten möglichst zusammenhängend sein. Eventuell assoziieren die Kinder darin einen Gegenstand (Vogel, Baum usw.)
2. Schritt: Jedes Kind entscheidet sich für eine Farbe und gestaltet damit beliebige Flächen aus.

Durchsetzungsvermögen

Material:
Zeichenpapier, 2 Filzstifte, Klebeband

In diesem Spiel geht es darum, sich auf die Vorstellungen des Malpartners einzulassen. Das geht nicht ohne miteinander zu kämpfen, denn jeder Spieler ist zugleich Führender und Geführter. Die Kinder bilden **Paare.** Dabei ist darauf zu achten, dass nur Rechtshänder oder nur Linkshänder miteinander spielen. Die Spieler einer Gruppe stehen einander am Tisch gegenüber. Die Kinder fixieren das Zeichenblatt mit Klebeband am Tisch. Jeder Spieler erhält einen Stift. Dann kann das Malspiel beginnen. Die Kinder malen schweigend, indem sie gegenseitig die Malhand des Partners führen, d.h. bei Rechtshändern wird die Malhand von A von der linken Hand des Partners B geführt, die Malhand von B wiederum von der linken Hand von A. Wer von den Kindern wird sich ohne Gegenwehr führen lassen und sich in den Malprozess ergeben?

Aggressionsbild

Material:
Zeichenpapier DIN A3, zwei verschiedenfarbige Filzstifte, Klebeband

Dieses Spiel ermöglicht Kindern, ihren Gefühlen nonverbal Ausdruck zu verleihen. Von den Gefühlen zueinander erzählen später die ausdrucksstarken Spuren auf dem Blatt. Ein wirklich expressives Kunstwerk!
Zwei Kinder, die in einen kleinen, noch nicht ganz beigelegten Streit verwickelt und deshalb weniger gut aufeinander zu sprechen sind,

malen mit Filzstift gemeinsam ein Bild. Dazu fixieren sie das Zeichenpapier mit Klebeband auf der Malfläche. Jedes Kind erhält einen andersfarbigen Stift. Dann kann das Malen beginnen. Dabei wechseln sich die beiden Maler schweigend Strich für Strich beim Malen ab. Mit jedem Strich sollen die Maler die Gefühle, welche sie füreinander hegen, in Strich und Linienführung ausdrücken. Das gemeinsame Malen wird sicher für die beiden Gegner nicht einfach sein. Deshalb muss im Anschluss eine Gesprächsrunde stattfinden.

Wir wünschen dir

Material:
Zeichenpapier, Deckmalfarben oder Filzstifte, Bleistift

Kinder können in diesem Spiel einander bildhaft gute Wünsche mitteilen. Es werden **Sechsergruppen** gebildet. Jedes Kind erhält einen großen Bogen Zeichenpapier. Der Bogen wird mit dem Bleistift entsprechend der Zeichnung in sechs Teile aufgeteilt. Jedes Kind beschriftet sein Blatt auf der Rückseite mit seinem Namen. Dann kann das Ausmalen der Kuchenstücke beginnen. Zum Ausmalen eines Kuchenstückes haben alle Kinder immer ungefähr fünf Minuten Zeit. In das erste Kuchenstück malt jedes Kind ein „Porträt“ von sich. Dann geben die Kinder ihr Zeichenblatt an den rechten Nachbarn weiter. Dieser malt nun in das zweite

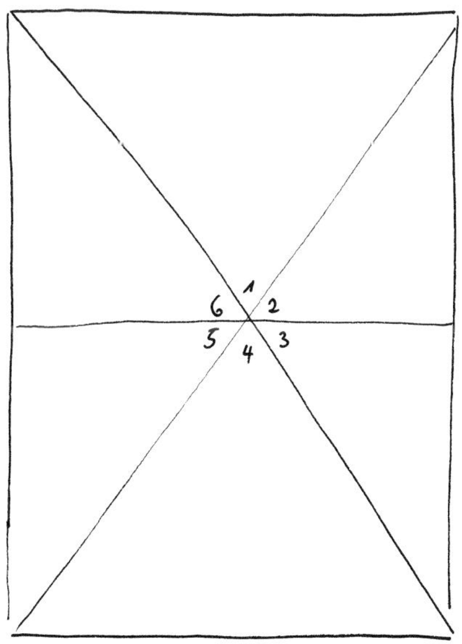

Kuchenstück, was er dem Besitzer des Zeichenbogens wünscht. Auf diese Weise wandert jeder Zeichenbogen von Spieler zu Spieler. Dieser Ablauf vollzieht sich so lange, bis jeder Spieler sein Porträt wieder in Händen hält.

Wanderbild

Material:
Zeichenpapier DIN A3, Buntstifte

Jedes Kind kann seine Ideen in verschiedene Bilder einbringen. Kaum zu glauben, welch unterschiedliche fantasievolle Vorstellungen sich auf diese Art in einem Bild vereinigen lassen.
Mindestens **vier Kinder** bilden eine Gruppe. Jedes Kind erhält einen Bogen Zeichenpapier und der Spielleiter nennt ein gemeinsames Malthema (Zirkus, Urlaub, Zoo, Zauberwald usw.). Dann beginnt jedes Kind, auf seinem Zeichenbogen ein entsprechendes Motivdetail zu diesem Thema festzuhalten. Auf Kommando des Spielleiters gibt jeder Spieler nach einer zuvor vereinbarten Zeit seinen Zeichenbogen an seinen linken Nachbarn weiter. Dieser fügt der erhaltenen Zeichnung ein weiteres Motiv hinzu und gibt dann das Bild nach erneuter Aufforderung des Spielleiters nach links weiter. So fügt ein Spieler nach dem anderen den Zeichnungen ein weiteres Detail hinzu, bis die Bilder eine Spielrunde durchlaufen haben. Falls die Kinder noch genügend Ideen haben, kann eine weitere Spielrunde angeschlossen werden. So entstehen gemeinsam fantasievolle Bilder in der Anzahl der Kinder.

Kooperationsbilder

Wer, wo und mit wem malen darf, bestimmt in diesem Spiel eine der beigefügten Vorlagen. Dabei können beim Ausmalen die kreativsten Bilder entstehen. Der Spielleiter wählt je nach Anzahl der Spieler eine der neben stehenden grafischen Unterteilungen. Bei **zwei Spielern** die Abbildung mit A und B. Bei **drei Spielern** die Auswahl an Bildern mit A, B und C und bei **vier Spielern** die Auswahl mit A, B, C und D. Dann erhält jedes Kind als Spielnamen einen der Buchstaben. Entsprechend der grafischen Vorlagen malen die Kinder einzeln, in Kleingruppen oder gemeinsam die entsprechenden Felder aus. Dabei sollten die Kinder gemeinsam beginnen und sich nicht untereinander absprechen.

Material:
Raufasertapete,
Klebeband,
Pinsel für jedes Kind,
Temprafarben in verschiedenen Farben,
Becher mit Wasser

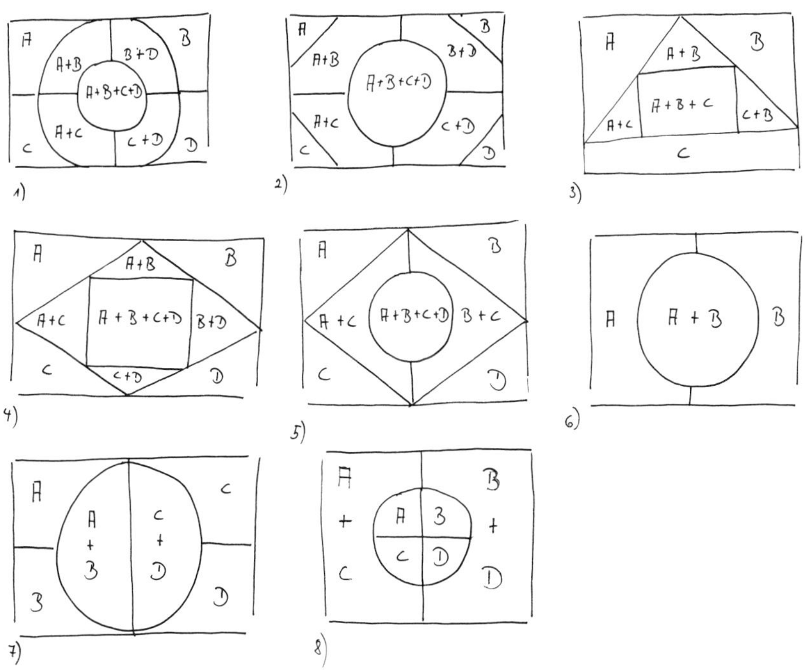

Hand an Hand

Material:
schwarzer Edding, bunte Temprafarbe, Zeichenpapier DIN A2, Pinsel, Becher

Farbenfrohe, überschneidende Körperumrisse werden das spätere Bild prägen, dessen Erstellung von den Kindern den Einsatz des gesamten Körpers fordert.

Ungefähr **bis zu acht Kinder** gestalten gemeinsam ein Bild. Dazu legen sie nacheinander eine ihrer Hände auf das Zeichenpapier und umfahren die Hand mit dem Edding. Dabei kommt es zu Überschneidungen. Anschließend malen die Kinder das Bild gemeinsam aus. Jedes Kind wählt eine andere Farbe und malt damit seine Hand aus. An den Stellen, an denen sich die Hände und Finger überschneiden, müssen die Kinder sich einigen, wie sie die Überschneidungen ausmalen wollen.

Variante: Tapetenrolle wird auf dem Boden ausgelegt. Die Kinder legen sich nacheinander auf die Tapete und umfahren ihre Umrisse mit dem Edding. Anschließend wird wie oben beschrieben von den Kindern weiter gearbeitet.

Aus drei mach eins

Material:
Tapete, Klebeband, Pinsel, Becher, Temprafarbe, Bleistift

In diesem Spiel entstehen zunächst zwei getrennte Bilder, die durch Ausmalen des Mittelteils zu einem großen Bild zusammen wachsen. Zwei Kinder A und B bilden **Paare.** Gemeinsam rollen sie die Tapete auf dem Maltisch aus und befestigen sie mit Klebeband am Tisch. Die Kinder teilen die Malfläche mit einem Bleistift entsprechend der Zeichnung in drei gleich große Malflächen A, B und C ein. Dann beginnen sie gemeinsam die mittlere Malfläche C auszumalen. Dabei beraten sie, was sie malen möchten. Ist die mittlere Malfläche ausgestaltet, wechselt jedes Kind zu seiner Malfläche: Partner A zur Malfläche A und Partner B zur Malfläche B. Dann versuchen die Kinder ohne miteinander zu sprechen auf ihrer Malfläche das mittlere Bild zu ergänzen, so dass am Ende des Malprojektes ein großes zusammenhängendes Bild entstanden ist.

Als Variante ist dieses Spiel auch im umgekehrten Prozess denkbar: Die Kinder malen ohne miteinander zu sprechen zuerst ihre Malflächen aus. In einem weiteren Schritt überlegen sie gemeinsam, wie die beiden Teile in der Mitte zu einer Einheit verbunden werden können und malen die mittlere Fläche aus.

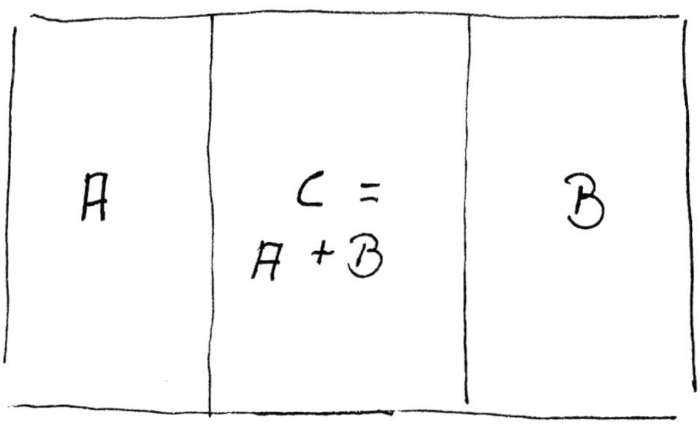

Allein – Zusammen – Nacheinander – Gegeneinander

Material:
Zeichenpapier DIN A 2, Klebeband, Buntstifte – eine Farbe pro Kind, Klebeband, schwarzer Filzstift

Was passiert, wenn alle gleichzeitig malen? Was passiert, wenn alle nacheinander im gleichen Bild malen? Was passiert, wenn jedes Kind einfach drauf los malt? Ganz klar, es entsteht ein tolles Bild!

Vier Kinder bilden eine Gruppe. Sie erhalten gemeinsam einen Bogen Zeichenpapier, den sie mit Klebeband auf dem Maltisch fixieren. Jedes Kind entscheidet sich für eine Farbe. Dann teilen die Kinder das Zeichenpapier mit Filzstift in vier gleich große Felder ein. Für die gemeinsame Gestaltung der vier Felder erhalten die Kinder pro Feld eine andere Aufgabe.

Feld A: Jedes Kind darf das malen, wozu es gerade Lust hat.

Feld B: Jedes Kind malt in diesem Feld einfach drauf los und versucht dabei die Zeichnungen seiner Mitspieler zu stören.

Feld C: Nacheinander malen die Kinder in dieses Feld. Dabei versuchen sie gemeinsam ein zusammenhängendes Bild zu gestalten.

Feld D: In diesem Feld malen alle Kinder gleichzeitig und versuchen dabei ein zusammenhängendes Motiv zu gestalten.

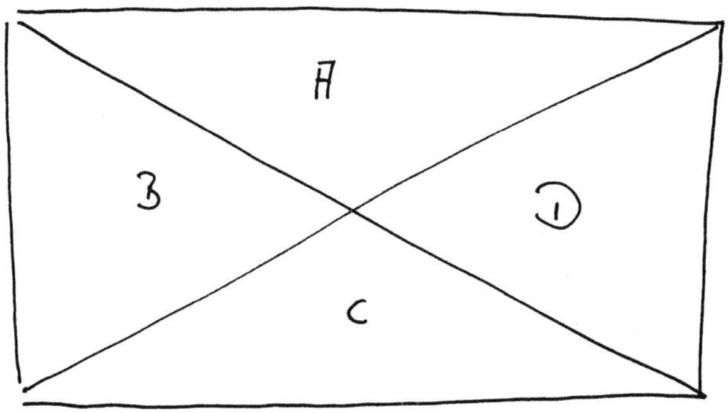

Punkt, Punkt, Komma, Strich …

Kreatives mit Punkten, Linien und Formen

Linien, Punkte und Striche sind die ersten Gestaltungsmittel, die Kinder in ihrer Begeisterung für den eigenen kreativen Ausdruck auf Papier festhalten.
Gibt man dem Malen von Punkten und Linienspuren nun einen bewussten, regelhaften Rahmen, kann das die Kinder zu den fantasievollsten Bildentwicklungen führen. Dabei spielen auch ganz einfache Formen wie Dreiecke, Kreise oder Quadrate eine wichtige Rolle. In Kinderzeichnungen entstehen aus Vierecken Häuser, aus Kreisen menschliche Figuren und aus Dreiecken Dächer oder Tannenbäume. Experimentieren die Kinder spielerisch mit diesen Formen, entstehen dabei Bilder, die an Kandinsky oder Klee erinnern. Die Linien, Punkte oder Formen sind in diesem Zusammenhang nur Impulse, welche die Kinder zu kreativem Tun veranlassen. Wie bei allen Spielen, gibt es auch hier Spielregeln. Sie bestimmen, wie die Kinder mit den Punkten, Linien und Formen umzugehen haben. Es

gilt also für die Kinder, sich an die Regeln zu halten um zu gewinnen oder gemeinsam zu einem Ergebnis zu kommen. Die Spielregeln zeigen den Kindern scheinbar Grenzen auf, gleichzeitig führen diese sie jedoch über das bisher Ausprobierte hinaus zu neuem kreativem Tun und eröffnen einen noch unbekannten kreativen Gestaltungsspielraum, der experimentelle Bilder entstehen lässt.

Bild mit Übergabe

Material: Filzstift, Wachsmalstifte, in Rot, Blau, Deckmalfarben, DIN A3 Zeichenpapier, Klebeband

Dieses Musterbild gestalten die Kinder gemeinsam, indem sie sich beim Linienmalen an einer „Grenze“ einander ihre Malstifte übergeben müssen.

Die Kinder bilden **Paare.** Sie sitzen sich am Tisch gegenüber. Jedes Kind entscheidet sich für eine Farbe. Abwechselnd darf jedes Kind ein um die andere Spielrunde mit seiner Farbe in seinem Feld beginnen. Auf der Tischplatte ist das Zeichenpapier mit Klebeband befestigt. Die Kinder teilen ihr Blatt entsprechend der Zeichnung mit einem Filzstift in zwei Hälften. Jedes Kind darf nur in seiner Zeichenhälfte malen. Dennoch versuchen beide Partner über die gesamte Fläche ein gemeinsames Muster zu zeichnen, in welchem die Trennungslinie nicht zu existieren scheint. Dazu malt jedes Kind mit seinem Stift bis zur Trennungslinie, dort angekommen übergibt es seinen Stift an den Partner und umgekehrt. Dieser übernimmt den Stift, gestaltet damit wieder ein Stück Muster bis er mit dem Stift zur

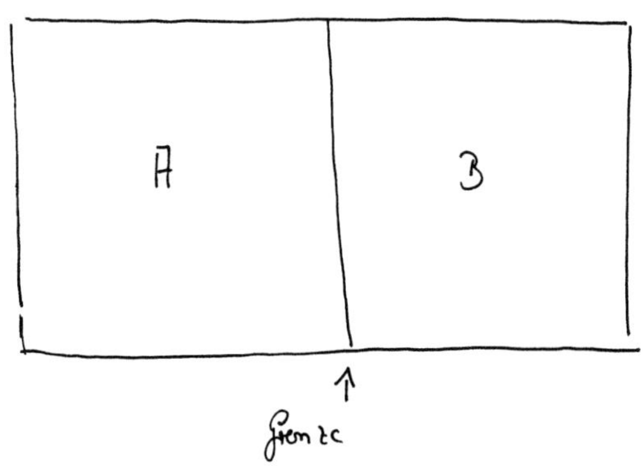

Trennungslinie kommt. Wurde an der Trennungslinie der Stift übergeben, ist eine Runde beendet. Gespielt werden 10 Runden.
Während des Spieles ist es wichtig, dass die Kinder die Stifte niemals absetzen und dabei möglichst vielfältige Muster entwickeln.
Nach den 10 Runden können die Kinder ihr Bild gemeinsam farbig ausmalen.

Das Endlosbild

Material:
Zeichenpapier, Edding, Temprafarbe, Pinsel, Becher

Die Kinder bilden **Fünfergruppen.** Jede Gruppe soll spielerisch gemeinsam ein Bild gestalten. Es wird im Uhrzeigersinn gespielt. Jedes Gruppenmitglied hat pro Spielrunde nur drei Strichzüge zur Verfügung, die sich über das gesamte Zeichenpapier ausdehnen sollen. Ein Strichzug ist dann zu Ende, wenn der Stift stoppt oder eine andere Richtung einschlägt (Zeichnung). Dennoch sind Spiralen, Wellen- und Zickzacklinien möglich. Alle Linien werden aneinander gesetzt. Der nächste zeichnet dort weiter, wo sein Vorgänger zu malen aufgehört hat. Die Linien dürfen einander überkreuzen. Es dürfen jedoch keine Linien doppelt übermalt werden. Die Kinder spielen zehn Runden. Danach gestalten sie das Bild mit Farbe gemeinsam aus. Dabei können die Kinder versuchen innerhalb des Liniengewirrs Dinge (z.B. Blume, Vogel, Baum usw.) zu erkennen, die per Zufall entstanden sind, um diese besonders mit Farbe hervor zu heben.

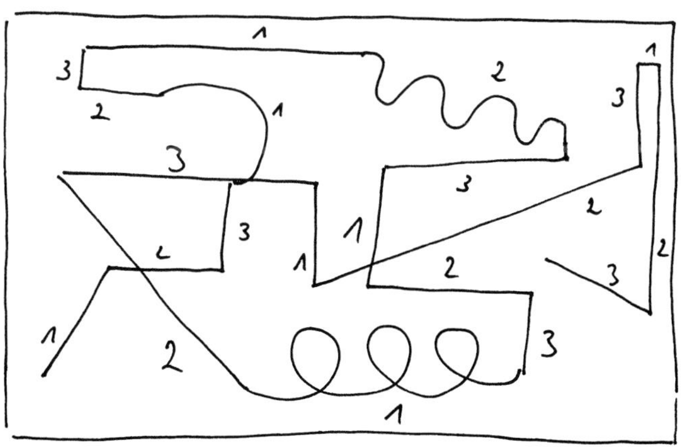

Hummelflug

Material: Zeichenpapier, schwarzer Edding oder Filzstift

Die Kinder stellen sich beim Malen dieses Bild vor, sie seien eine Biene, Mücke oder Hummel, welche sich auf eine Flugreise begibt, um viele verschiedene Gegenstände zu erkunden. Dabei darf sie sich auf keinem Gegenstand ausruhen, sondern muss in einem Flug zahlreiche Objekte (Blumen, Häuser, Gräser usw.) umfliegen.

Jedes Kind erhält einen Bogen Zeichenpapier und einen schwarzen Filzstift. Die Aufgabe besteht nun darin, als Hummel im Frühling den Garten zu erobern und tanzend eine Blume nach der anderen zu umkreisen, ohne sich nieder zu lassen. Auf ihrem Flug legt die Hummel eine große Wegstrecke zurück, viele Objekte stehen ihr bei ihrem freien Flug durch die Frühlingsluft im Weg, diese muss sie umfliegen. Nun sollen die Kinder mit nur einer „Fluglinie“, ohne den Stift abzusetzen, ihren Hummelflug zeichnerisch beschreiben.

Zickzack-Schlaufen-Wellenbild

Dieses Werk entsteht, indem jedes Kind mit einer Linie zwei Punkte A und B mit verschiedenartigen Linienzügen verbindet.

Die Kinder bilden **Vierergruppen.** Das Zeichenblatt liegt in der Mitte des Tisches. Auf dem Zeichenblatt legt jedes Kind zwei Punkte A und B auf einander gegenüberliegenden Seiten fest. Für die Kinder besteht abwechselnd die Aufgabe darin, mit einer Zickzacklinie, einer Wellenlinie oder einer Schlaufenlinie die beiden Punkte miteinander zu verbinden. Dabei sollen die Linien auch schon mal Umwege gehen. Dieser Spielzug wiederholt sich bei allen vier Mitspielern über mindestens sechs Runden. Anschließend malen die Spieler das Bild gemeinsam aus.

Material:
schwarzer Wachsmalstift, für jede Gruppe Zeichenpapier DIN A2, Deckmalfarben, Pinsel, Becher

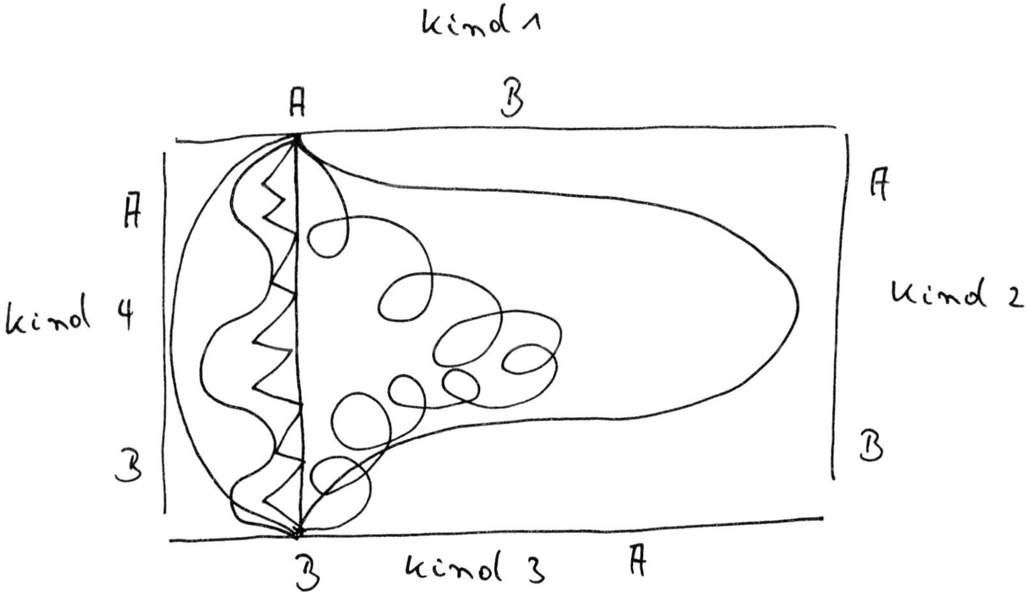

Linienclown

Material:
Zeichenpapier, Bleistift oder schwarzer Filzstift, Bunt- oder Filzstifte

Jedes Kind erhält einen Bogen Zeichenpapier und einen schwarzen Filzstift. Die Aufgabe der Kinder besteht nun darin, einen Clown aus einer Linie zu malen. Dabei dürfen die Kinder den Stift zu keinem Zeitpunkt absetzen und keine Linien dürfen mehrmals übermalt werden. Die Linien dürfen sich aber kreuzen. Auf diese Weise können die Kinder Muster im Hemd oder in der Hose des Clowns entstehen lassen oder aber dem Clown witzige Accessoires beifügen. Sind die Kinder mit ihrem Clown fertig, geben sie ihn an ihren linken Nachbarn weiter. Dieser hat nun die Aufgabe den Clown mit Bunt- oder Filzstiften auszumalen.

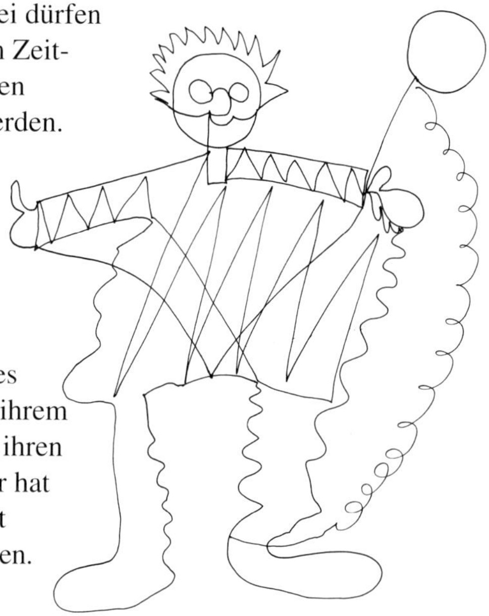

Bildgeschichte aus einer Linie

Material:
zwei schwarze Filzstifte pro Kind, Buntstifte oder Filzstifte, Bogen Papier DIN A3

Aufgrund einer Geschichte entsteht in diesem Spiel ein Bild aus zwei Linien.

Jedes Kind erhält ein DIN A3 großes Zeichenblatt und zwei Filzstift. Die folgenden Verse werden mit einer kleinen Pause vorgelesen. Die Kinder sollen das Gehörte beidhändig umsetzen, ohne dabei die Filzstifte abzusetzen. Dabei entsteht ein Linienbild aus zwei Strichen, welches die Kinder anschließend ausmalen können.

a) Sieh dir diese Linie an, was aus ihr mal werden kann.
b) Aus ihr werden Wellen, sie formen in den Strich ganz viele Dellen.
c) Nun werden aus der Linie Schlaufen, welche über das ganze Blatt verlaufen.
d) Aus diesen Schlaufen werden Kreise, tanzen übers Blatt auf wilde Weise.
e) Die Linie hört den Donner nicht, bis das Gewitter mit Blitzen macht viel Licht.
f) Dann fängt es zu regnen an, daraufhin eine Blume wachsen kann.

Was wird daraus?

In diesem Malspiel entwickeln die Kinder vorgegebene Linien zu einem Bild weiter.

Material:
vorbereitete Kopien, Filz- oder Bleistift, Buntstifte

Jedes Kind erhält eine Kopie, auf der eine ganz einfache Linienkombination dargestellt ist. Aus dieser Linienkombination sollen die Kinder ein Bild entwickeln. Das bedeutet, die Kinder malen die Linien weiter und entwickeln daraus ein Motiv. Beispiele von Linienkombinationen finden Sie in den Zeichnungen.

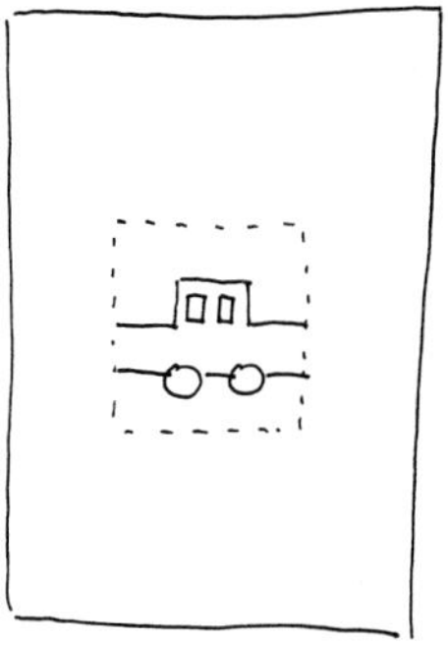

Riesenschlange blind malen

Material:
Schwarzer Filzstift, bunte Filzstifte, DIN A3 großes Zeichenblatt für jedes Kind, Augenbinde

Bei diesem Bild entstehen drei Schlangenbilder, bei deren Gestaltung die Kinder bewusst auch parallele Linien malen und Überschneidungen erkennen müssen.
Die Kinder bilden **Dreiergruppen.** Jedes Kind erhält ein Zeichenblatt und einen schwarzen Filzstift. Die Kinder verbinden einander die Augen. Dann zeichnet jedes Kind eine Riesenschlange mit einer Linie ohne abzusetzen auf sein Zeichenblatt. Die Kinder werden darauf aufmerksam gemacht, dass die Schlange sich in Wellenlinien mehrmals zu allen Seiten des Blattes windet. Die Kinder malen etwa drei Minuten. Dann lösen sie die Augenbinde und geben ihr Bild an ihren rechten Nachbarn. Dessen Aufgabe besteht nun darin, parallel zu der zuvor gezeichneten Linie des Partners eine Linie zu malen. Ist diese Aufgabe beendet, gibt jeder sein Bild an den rechten Spieler

weiter. Die dritte Aufgabe besteht nun darin, alle Überschneidungen mit Filzstiften bunt auszumalen.

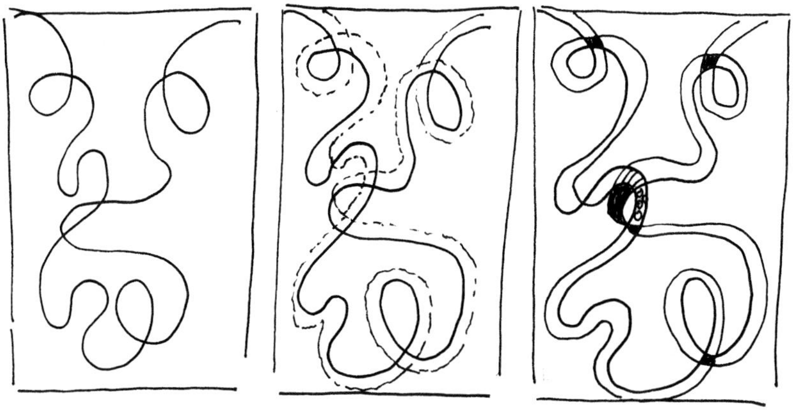

Linienmuster von A bis B

In diesem Spiel verbinden die Kinder mit einer Linie abwechselnd immer wieder zwei Punkte A und B miteinander. Dabei müssen die Kinder bestimmte Regeln berücksichtigen.

Material:
Bleistift, schwarzer Wachsmalstift, Zeichenpapier, DIN A 2 eventuell Deckmal- oder Aquarellmalfarbe, Pinsel, Becher

Die Kinder bilden **Zweiergruppen.** Jedes Paar erhält zusammen einen Bogen Zeichenpapier, der am Maltisch mit Klebeband fixiert wird. Jedes Kind verteilt mit dem Bleistift auf dem Zeichenpapier zehn Mal den Buchstaben A und zehn Mal den Buchstaben B. Für kleinere Kinder können statt der beiden Buchstaben zwei verschiedene Formen oder Symbole gewählt werden. Dann besteht die Aufgabe für die Kinder darin, einen Buchstaben A mit einem anderen beliebigen Buchstaben B mit einer formenreichen Linie zu verbinden. Dabei dürfen sich die Linien niemals überschneiden. Um das Linienmuster zu malen, benützen die Kinder einen schwarzen Wachsmalstift. Ist jedes A mit einem B verbunden, gestalten die

Kinder das Bild mit Deckmalfarbe oder Aquarellmalfarbe gemeinsam aus. Besonders interessant wird das Malen, wenn nicht immer nur nebeneinander liegende Buchstaben miteinander verbunden werden.

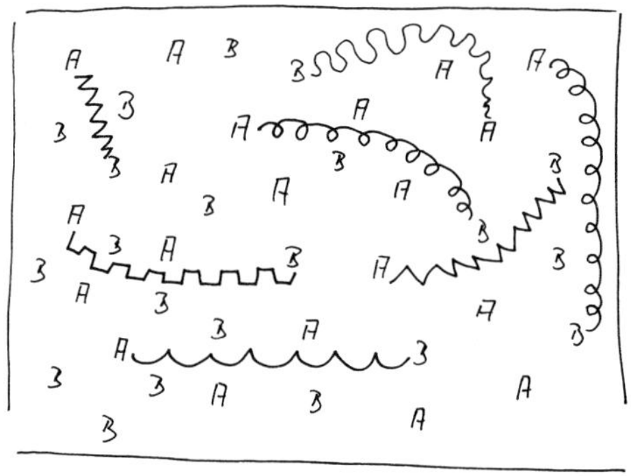

Einmal grad und einmal rund

Material: Zeichenpapier DIN A3, zwei schwarze Eddings

Zwei Kinder bilden ein Paar und erhalten gemeinsam einen Bogen Zeichenpapier. Die beiden Spieler A und B erhalten den Auftrag, gemeinsam ein Bild zu gestalten. Dabei darf Spieler A nur die geraden und eckigen Linien und Formen malen. Spieler B darf nur die abgerundeten, spiraligen oder welligen Linien malen.
Die Spieler malen abwechselnd jeweils ungefähr 10 Sekunden. Jeder Spieler malt dort weiter, wo der andere aufgehört hat. Dabei dürfen die Linien sich auch überschneiden. So entsteht ein abstraktes Linienbild.

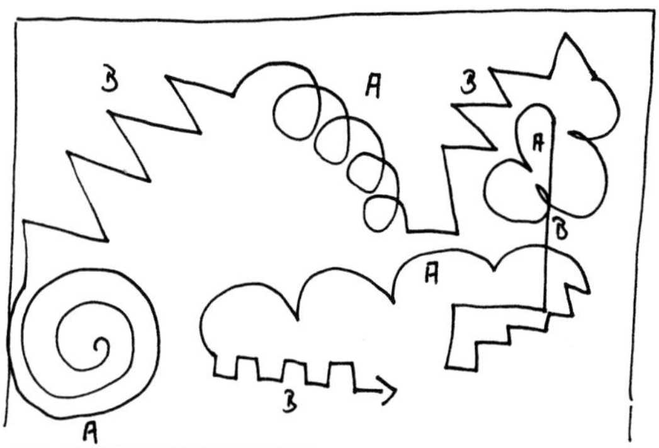

Die Kinder können aber auch versuchen, ein gegenständliches Bild zu malen. Dazu haben sie fünf bis zehn Minuten Zeit. Anschließend malen sie die entstandenen Einzelflächen farbig aus.

Zahlenreihe

Material:
Zeichenpapier DIN A4, Bleistift, Kugelschreiber oder Filzstift

Dieses Spiel setzt die Kenntnis der Zahlen von 1 – 30 oder des Alphabets voraus.
Zwei Kinder spielen miteinander. Jedes Kind erhält einen Bogen Zeichenpapier.
Auf dem Zeichenpapier verteilten die Kinder unabhängig von einander in beliebiger Form 30 oder 26 Punkte. Die Punkte versehen die Kinder mit Zahlen von 1 – 30 oder bei 26 Punkten mit den Buchstaben von A – Z. Dann tauschen die Kinder untereinander ihre Blätter aus. Die Aufgabe besteht nun für die Kinder darin, die Zahlen oder Buchstaben in der richtigen Reihenfolge mit einer Linie zu verbinden. Welches Bild oder Muster wird dabei wohl sichtbar? Wer möchte, kann das so entstandene Bild anschließend farbig ausmalen.

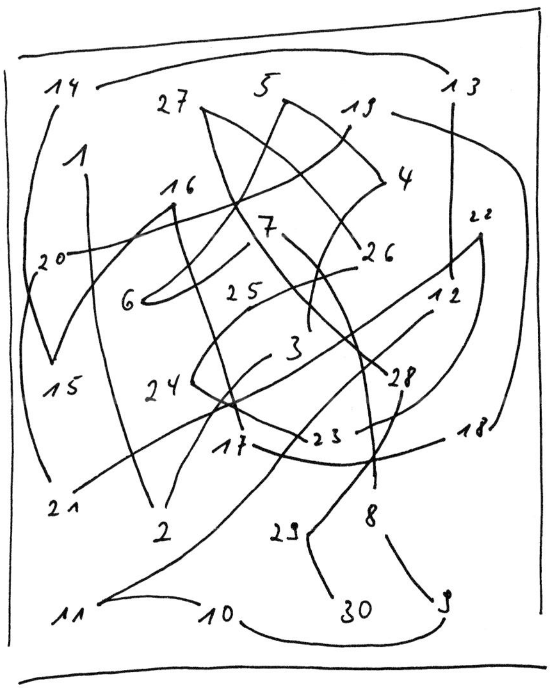

Wachstropfenspiel

Material:
DIN A2 großer Zeichenkarton, Kerze, Zündhölzer, Wachsmalstifte, Wasserfarben, Pinsel, Papier

Wer kann die meisten Wachstropfen sammeln? Die Kinder bilden **Vierer-Gruppen.** Mit einer Kerze tropfen die Kinder zahlreiche Wachspunkte (ungefähr 100) über das gesamte Zeichenblatt. Anschließend kann das Spiel beginnen. Die Kinder entscheiden sich für verschieden farbige Wachsmalstifte. Nacheinander ziehen sie bei geschlossenen Augen mit ihren Farben kleine Kreise über das Blatt. Jedes Kind ist zehnmal an der Reihe. Gewonnen hat das Kind, das die meisten Wachspunkte durch die zehn kleinen Kreise gefangen hat. Anschließend malen die Kinder das dadurch entstandene Muster mit Wasserfarbe bunt aus. Dabei perlen die Wasserfarben an den Wachstropfen und den Wachsmalstiften ab und geben dem Bild eine besondere Struktur.

Tupfenbild

Material:
Papier, Stift, Buntstifte oder Filzstifte

Bei diesem Spiel verbinden die Kinder beliebig gesetzte Punkte mit einer durchgehenden Linie, so dass daraus ein oder mehrere erkennbare Gegenstände entstehen.
Die Kinder bilden **Dreier-Gruppen.** Jeder Spieler erhält sowohl einen Bogen Papier als auch einen Stift. Dann kann das Zeichenspiel losgehen. In einem ersten Spielschritt verteilen die Kinder in einer bestimmten Zeit (ca. 1 Minute) über den Papierbogen beliebig viele Tupfen. Das so gestaltete Bild geben die Kinder in einem weiteren Spielschritt im Uhrzeigersinn an den nächsten Spieler weiter. Dessen Aufgabe besteht darin, die Punkte mit eine Linie miteinander zu verbinden und zwar so, das etwas Erkennbares daraus entsteht (z. B. eine Blume, ein Auto, ein Clown, ein Akrobat). Anschließend wird der Papierbogen an den nächsten Spieler weitergegeben, dieser hat die

Aufgabe, das entstandene Motiv zu erkennen. Das Kind, welches die meisten Punkte ausnützt, um sein Motiv zu gestalten, hat gewonnen.

Kreativi

In diesem Spiel geht es für die Kinder darum, durch Würfeln eine Kopie des zuvor von ihnen erstellten Bildes anzufertigen.

Zwei Kinder teilen ihre beiden Zeichenbögen in sechs gleich große Felder ein. Auf einen der Bögen werden nun Formen (Dreiecke, Kreisen und/oder Quadrate) gezeichnet. Jedes Feld beinhaltet genau fünf Formen. Die Felder werden anschließend durchnummeriert. Die Felder des anderen Bogens bleiben leer. Sie werden ebenfalls mit Nummern versehen. Dann kann das Spiel beginnen. Dabei kommt der Formenwürfel zum Einsatz. Die Aufgabe besteht für die Kinder nun darin, ein Feld nach dem anderen auf dem zweiten Bogen nachzuzeichnen. Es wird im Uhrzeigersinn gewürfelt. Die erwürfelte Form wird kopiert. Erst wenn ein Feld von den Kindern vollständig übertragen ist, darf das nächste Feld in Angriff genommen werden.

Material:
Für jeden Spieler zwei Bögen Zeichenpapier, einen Bleistift, Schere, Formenwürfel

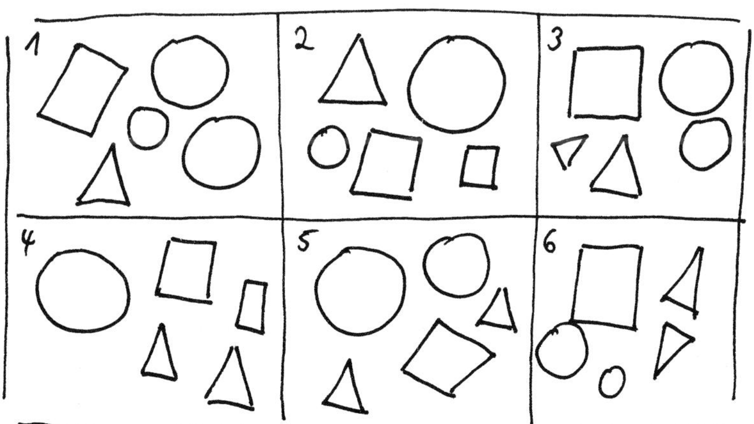

Sei auf Zack

Material:
Papier, bunter Filzstift, schwarzer Edding pro Spieler

In diesem Spiel geht es darum, so viele Dreiecke wie möglich in der eigenen Farbe auszumalen.
Pro Spiel benötigen **bis zu sechs Kinder** einen Bogen Papier. Auf dem Bogen Papier verteilen die Kinder gemeinsam ca. 60 gleich große Punkte mit dem Edding. Anschließend wählt jedes Kind einen Filzstift aus.

Dann kann das Spiel beginnen. Nacheinander darf jeder Spieler eine Linie von einem Punkt zum anderen ziehen. Dabei muss er versuchen, mit seiner Farbe ein Dreieck zu vollenden, ohne ein anderes zu überschneiden, um dieses anschließend mit der eigenen Farbe ausmalen zu können. Gleichzeitig muss er aber auch darauf achten, dass die Mitspieler ihre Dreiecke möglichst nicht vollenden können. Das Ziel des Spiels besteht darin, möglichst viele Dreiecke in der eigenen Farbe zu malen und in dieser Farbe auszumalen. Das Spiel ist zu Ende, wenn es keine Möglichkeit mehr gibt, die schwarzen Punkte miteinander zu einem Dreieck zu verbinden. Gewinner ist das Kind, welches die meisten Dreiecke in seiner Farbe auf dem Blatt zählen kann.

Formen blind malen

Material:
schwarzer Edding, Papier DIN A 2, Temprafarben in den Farben des Farbwürfels, Farbwürfel, Becher, Pinsel, Augenbinden, Klebeband

In diesem Spiel geht es darum, „blind“ Formen zu malen, die später Ausgangspunkt für das farbenfrohe Ausgestalten sind.

Die Kinder bilden **Vierer-Gruppen.** Gemeinsam erhält jede Gruppe einen Bogen Zeichenpapier, der mit Klebeband auf dem Maltisch fixiert wird. Jedes Kind erhält einen schwarzen Edding. Dann verbinden sich die Mitspieler gegenseitig die Augen. Nun kann das Spiel beginnen. Dazu malen die Kinder Formen auf das Papier, ohne ihren Spielpartnern zu verraten, um welche Form es sich handelt. Dabei haben sie die Wahl zwischen einem Viereck, einem Kreis oder einem Dreieck in beliebiger Größe. Die Kinder werden darauf aufmerksam gemacht, dass sie möglichst das ganze Papier erobern sollen. Jeder Spieler malt eine Form, dann ist der nächste an der Reihe. Es werden im Uhrzeigersinn 10 Runden gemalt. Danach werden die Augenbinden abgenommen. Nun beginnt das Ausmalen des Bildes mit Hilfe des Farbwürfels. Dazu entscheiden sich die Kinder vor dem Würfeln für eine Fläche. Diese Fläche malen sie anschließend mit der erwürfelten Farbe aus.

Rasante Formenkünstler

Zahlenwürfel, Farbenwürfel und Formenwürfel geben in diesem Spiel die Impulse für die malerische Bildgestaltung der Kinder

Material:
1 Farbwürfel,
1 Formwürfel,
1 Zahlenwürfel,
Farbstifte in den Farben des Farbwürfels,
Papier

Jeder Spieler erhält einen Bogen Papier. Der jüngste Spieler darf beginnen. Er würfelt mit den drei Würfeln. Die Zahl bestimmt, wie oft eine Form in einem Bild vorkommen muss. Die Farbe bestimmt, mit welchem Stift der Gegenstand gemalt wird.
Beispiel: ein Kind würfelt einen Kreis, eine Sechs und die Farbe Gelb. Die Aufgabe aller Kinder besteht nun darin, einen Gegenstand oder ein kleines Bild zu malen, indem der gelbe Kreis sechs Mal vorkommt (z. B. eine Blume). Sicherlich fallen den einzelnen Kindern ganz unterschiedliche Bildmotive ein. Sind alle Bilder gemalt, betrachten die Kinder untereinander ihre Werke und prüfen ob sich auch alle an die Spielbedingungen gehalten haben. Hat ein Kind einen Fehler gemacht, gibt das einen Fehlerpunkt. Wer von den Kindern wird wohl ohne Fehlerpunkt bleiben?

Das schwarze Loch

Material:
vergrößerte Kopie der nebenstehenden Vorlage, schwarzer Edding für jedes Kind, Bunt- oder Filzstifte

In diesem Malspiel erhalten die einzelnen Flächen ihre Einteilung durch schwarze Löcher in Form von Dreiecken oder Kreisen.

Jeweils ein Spielpaar erhält eine Kopie der linken Zeichnung. Diese befestigt es mit Klebeband auf der Malfläche. Die Aufgabe für die Kinder besteht nun darin, in jedes Feld bis zu vier schwarze Flächen einzumalen. Als Flächen gelten Vierecke, Quadrate oder Kreise. Diese müssen entweder an einer Linie oder genau in der Mitte des Feldes platziert sein. Die Partner wechseln sich ab. Die restlichen in jedem Feld verbleibenden weißen Flächen dürfen die Kinder anschließend beliebig ausmalen.

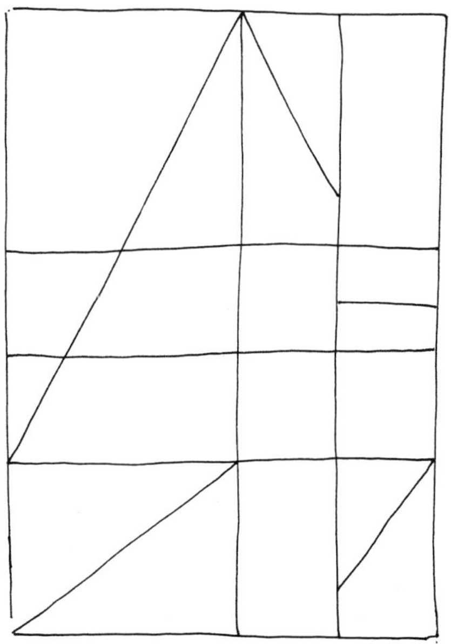

Variable meditative Musterbilder

Durch diese Form des Gestaltens erhalten die Kinder immer wieder neue Meditationsbilder zum Ausmalen. Es können **beliebig viele Kinder** mitspielen.
Die Kinder zerteilen eine oder zwei Overheadfolien mit einer Schere in jeweils acht Teile (1 Folie = 8 Teile, 2 Folien = 16 Teile). Diese werden an die Mitspieler verteilt. Die Aufgabe für die Kinder besteht nun darin, auf jedes Folienteil eine Form (Dreieck, Quadrat, Kreis) zu malen. Dabei können die Kinder die Größen der Formen variieren. Sind die acht Folienteile gestaltet, werden sie auf den Kopierer gelegt, so dass sich die Formen überschneiden. Dann kopieren die Kinder das auf diese Weise gelegte Bild in der Anzahl der Mitspieler. So erhält jeder ein meditatives Musterbild, das die Kinder farbig ausgestalten können. Variieren die Kinder die Formen auf dem Kopierer aufs Neue, erhalten sie ein neues Musterbild. Durch die variablen Folienteile können die Kinder immer wieder anders aussehende Musterbilder gestalten.

Material:
Overheadfolie, Schere, Folienstift, Kopierer, Filz- oder Wachsmalstifte

Formenschnickschnack

In diesem Malspiel geben verschiedene von den Kindern frei auf die Malfläche verteilte Formen den Impuls zur weiteren Ausgestaltung. Was kann alles aus den Formen werden, damit aus Einzelteilen ein zusammenhängendes Bild wird?

Beliebig viele Kinder rollen ein großes Stück Tapete auf der Malfläche oder dem Boden aus und fixieren sie dort mit Klebeband. Die Kinder malen eine vorher vereinbarte Anzahl von einfachen in der Größe variablen Formen (Dreieck, Viereck, Kreis) mit schwarzem Filzstift auf die Tapete. Die Formen dürfen sich jedoch nicht über-

Material:
Tapete, schwarze Filzstifte für alle Teilnehmer, Bunt-, Filzstifte und Temprafarbe, Pinsel, Becher

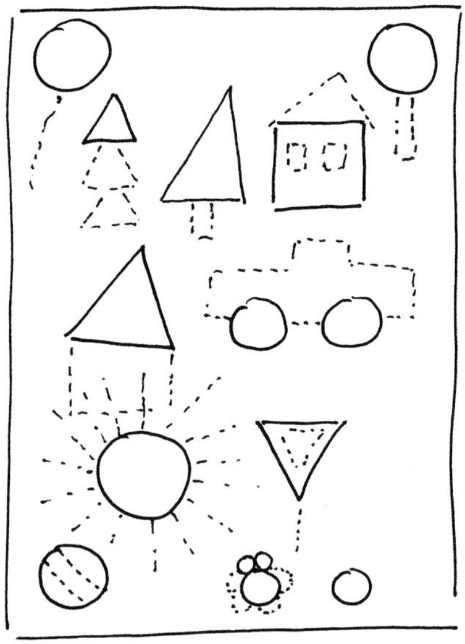

schneiden. Je weniger bei diesem Spiel mitspielen, desto mehr Formen müssen die einzelnen Spieler malen. Bei 10 Kindern ist es ratsam, dass jedes Kind 6 bis10 Formen malt. In einem weiteren Schritt müssen die Spieler versuchen, die einzelnen Formen in ein Bild einzubinden. Dazu können sie Formen entweder miteinander verbinden oder diesen neue Formen hinzufügen. Dabei kann z.B. der Kreis zu einer Sonne werden oder ein Dreieck zu einem Tannenbaum. Haben alle Figuren eine Bedeutung erhalten, können die Kinder das Bild gemeinsam farbig ausgestalten.

Riesenroboter

Material:
Wachsmalstifte in den Farben des Farbwürfels, Formenwürfel, Farbwürfel, Zeichenblatt DIN A2

Gemeinsam malen die Kinder einen Riesenroboter, indem sie wie in einem Puzzle, eine erwürfelte Form nach der anderen zeichnerisch aneinanderfügen.

Maximal **fünf Kinder** erhalten ein gemeinsames Zeichenblatt, welches sie auf ihrem Maltisch mit Klebeband fixieren. Dann kann das Spiel beginnen. Die Kinder würfeln im Uhrzeigersinn, sowohl mit dem Form- als auch mit dem Farbenwürfel. Das Kind mit dem kleinsten dicken Daumen darf beginnen. Die erwürfelte Form wird in der entsprechenden Farbe auf das Papier gemalt. Jede Form eines Spielers ist ein Teil eines Riesenroboters. Das bedeutet, durch Hinzufügen wird von den Kindern eine Form an die andere gemalt mit dem Ziel, einen Riesenroboter als Endprodukt zu erhalten.

Formenmännchen in Bewegung

Material:
Zeichenpapier DIN A2, schwarzer Edding, Buntstifte, Klebeband

In diesem Spiel entstehen muntere, sich in Bewegung befindende Formenmännchen, die über das Blatt toben.

Vier Kinder bilden eine Malgruppe. Sie sitzen um einen Tisch, auf welchem das Zeichenpapier mit Klebeband fixiert ist. Die Kinder erhalten den Malimpuls, quer über das gesamte Blatt in größeren Abständen viele unterschiedliche Dreiecke und Vierecke zu malen. Diese dürfen die Kinder anschließend gemeinsam bunt ausmalen. In einem nächsten Spielschritt haben die Kinder nun die Kreisform und die Buchstaben L und I zur Verfügung um die Formen zu lebendigen Männchen weiter zu gestalten. Dabei steht der Kreis für den Kopf und die Buchstaben L und I symbolisieren Arme und Beine. Das L darf auch gespiegelt eingesetzt werden. Je nachdem, an welcher Stelle die Kinder den Kopf, die Beine und Arme ansetzen, befinden sich die Formenmännchen in einer anderen Bewegung. Viel Spaß beim lebendigen Bevölkern des Blattes.

Eins – zwei – drei mit dem Zauberstift

Kreatives im Handumdrehen

Ist es nicht toll, wenn sich Bilder wie von Zauberhand malen lassen? Simsalabim, acht – neun – zehn lässt im Nu ein Bild entstehen. Zaubersprüche in allen Ehren, dennoch lassen sich nicht immer alle Kinder für das Malen begeistern. Aber vielleicht versuchen Sie es einfach mal mit den nachfolgenden „Zauberangeboten" in diesem Kapitel. Diese lassen Bilder ganz spielerisch im Handumdrehen entstehen. Es sind Bilder, die auf Spaß und Spiel beruhen und meist zufallsgesteuert sind, dabei kommt Witz, Experimentierfreude, Erfindungsreichtum und die Fantasie der Kinder nicht zu kurz. Oder wüssten Sie auf Anhieb, wie ein Katzibär zu malen ist? Die Spielaufforderungen ermöglichen Kindern immer wieder neue Gestaltungsimpulse und reizen sie zu immer neuen Spielrunden. Die Ergebnisse können sich sehen lassen und werden die Freude am Malen auch bei Malmuffeln fördern.

Katzibär

Gemeinsam malen die Kinder ein Wundertier, indem jedes Kind einen Körperteil malt. Die Kinder bilden **Paare.** Jedes Paar nimmt nebeneinander Platz und erhält einen Bogen Zeichenpapier. Diesen legen sie mit der Längsseite zu sich zeigend zurecht und teilen es senkrecht in drei gleich große Spalten auf. Jedes Kind überlegt sich ein Tier, welches es von der Seite betrachtet (im Profil) malen möchte. Das Motiv wird nicht verraten. Bevor das Malen beginnt, einigen sich die Kinder:

1. auf eine gemeinsame Richtung, in welche ihre Tiere blicken sollen,
2. darauf, wer den Kopf und wer den Po seines Tieres malt.

Soll der Katzibär (die Hundeschlange, der Kuhvogel usw.) nach rechts blicken, malt das rechts sitzende Kind den Kopf in die rechte Spalte und das links sitzende Kind den Po seines Tieres in die linke Spalte des Zeichenblattes. Die Mitte bleibt leer. Der mittlere Teil des Zeichenpapiers wird gemeinsam gestaltet, um Kopf und Po möglichst fantasievoll miteinander zu verbinden.

Material:
großes Zeichenblatt,
Zeichenstift,
Temprafarbe, Pinsel
Becher, Wasser

Karikaturmaler

Material: Zeichenpapier, Filzstift, Spiegel

Bei diesem Spiel malen die Kinder ihre eigenen Gesichter mit ein paar Strichen. Dabei achten sie besonders auf ihre typischen Merkmale. Ein Spiegel kann hilfreich sein.

Alle Kinder erhalten den Auftrag, innerhalb von drei Minuten mit Filzstift ein Selbstporträt zu malen. Persönliche charakteristische Merkmale (Haare, Muttermal, Narbe, Knollennase, Pickel usw.) sollen sie dabei besonders hervorheben. Das Spiel schult vor allem die Wahrnehmung der Kinder. Man muss schon genau hinschauen, wenn man sich selbst oder jemand anderen malen will. Was ist das Besondere an dem jeweiligen Gesicht? Um die Aufgabe zu erleichtern, können die Kinder auch noch die Schulterpartie zeichnen. Anhand der Kleidung fällt eine Charakterisierung zunächst manchem Kind leichter. Sind alle Kinder mit ihrer Zeichnung fertig, werden die Bilder eingesammelt und in die Mitte des Stuhlkreises gelegt. Anschließend nimmt jedes Kind eine ihm unbekannte Zeichnung aus der Mitte heraus und versucht nun, den Maler des Porträts zu finden.

Witzfigur

Material: Stift, Papier DIN A4

Gemeinsam gestalten die Kinder witzige Figuren. Diese entstehen aufgrund von verschiedenen Regeln. Welche Figur wird wohl die komischste sein?
Die Kinder bilden **Vierer-Gruppen.** Jedes Kind erhält einen Bogen Papier und einen Stift. Die Kinder legen das Blatt senkrecht und teilen es horizontal durch Falten in vier gleich große Spalten ein. In die oberste Spalte malt jeder Spieler einen Kopf. Diesen falten die Kinder nach hinten weg und geben das Blatt im Uhrzeigersinn an den nächsten Mitspieler. Dieser malt an den Kopf, welchen er nicht sehen

kann, einen Oberkörper mit Taille und klappt seine Zeichnung abermals nach hinten um. Der dritte Spieler vollendet die Figur bis zu den Knien, klappt wiederum seine Zeichnung nach hinten und gibt sie an den letzten Spielpartner der Runde weiter. Dieser fügt der für ihn nicht sichtbaren Figur Waden und Füße zu. Anschließend können die Kinder die Zeichnungen aufklappen und sich über die Witzfiguren freuen.

Wie aus Zwergen Riesen werden

Bei diesem Spiel malen die Kinder gemeinsam witzige Streckfiguren, die einmal ganz klein und einmal ganz groß sein können.

Material:
Zeichenpapier DIN A4, Buntstifte

Zwei Kinder spielen miteinander. Jedes Kind erhält einen Bogen Zeichenpapier, den es entsprechend der Zeichnung faltet. Dann zeichnen die Kinder über die ganze Oberseite eine Fantasiefigur (Zauberer, Clown, Fee, Prinzessin, Zwerg usw.). Anschließend falten sie das Zeichenpapier auseinander und geben ihr Blatt an ihren Spielpartner weiter. Dieser verbindet die bereits gestaltete obere Hälfte und die bereits gestaltete untere Hälfte so, dass daraus eine witzige Riesenfigur entsteht. Klappt man das Bild zusammen, sieht man nur den „Zwerg“, auseinandergefaltet erscheint der „Riese“.

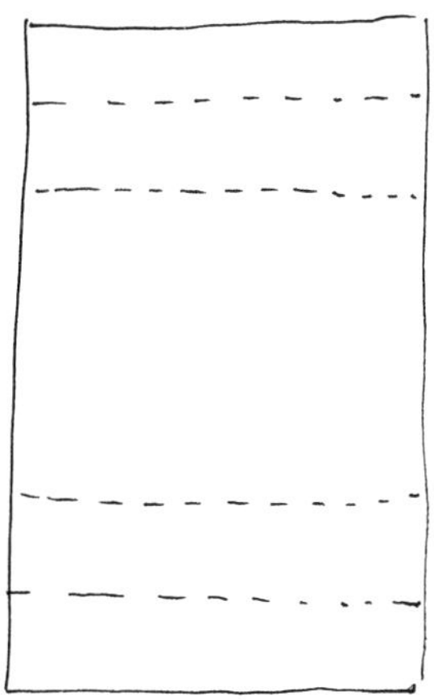

Patchworkbild

Material:
Zwei gleich große Zeichenkartons, Temprafarbe, Becher, Pinsel, Schere, Klebstoff

Aus einzelnen Puzzleteilen gestalten die Kinder gemeinsam ein Bild. Dazu malen sie die selbst gestalten Puzzlelteile unabhängig voneinander aus und legen sie anschließend wieder zu einem gemeinsamen Bild zusammen. Es können bis zu **12 Kinder** mitspielen.
Einen der beiden Zeichenkartons teilen die Kinder in ebenso viele Felder ein, wie Mitspieler vorhanden sind. Entlang dieser Linien wird der Zeichenkarton zerschnitten und die einzelnen Felder auf der Rückseite werden nummeriert. Jedes Kind erhält ein Puzzleteil, das es frei nach Lust und Laune gestalten kann. Anschließend werden die Puzzleteile wieder zu einem Bild zusammengelegt. Dabei kann die Nummerierung behilflich sein. Die Felder werden dann mit Klebstoff auf den zweiten Karton aufgeklebt.

Flaggenbild

Material:
schwarzer Edding, Zeichenpapier DIN A3, Wachsmal-, Bunt-, Filzstifte oder Temperafarbe, Klebeband

Je nachdem, wie der Buchstabe M auf Papier aufgemalt wird, sieht er aus wie eine Flagge (siehe Zeichnung). Das nutzen die Kinder für ein Flaggenbild.

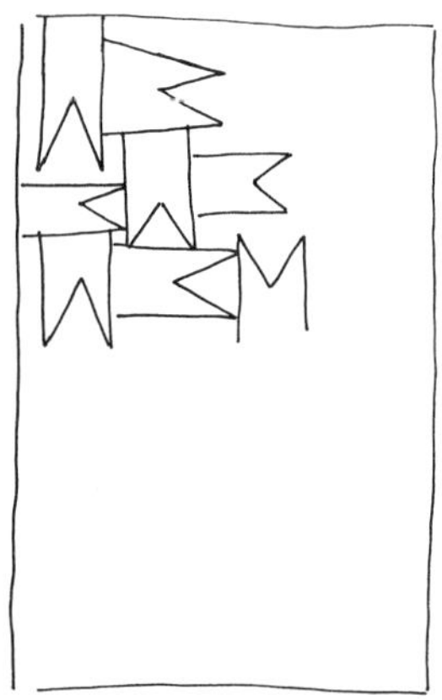

Dazu bilden sie **Vierer-Gruppen.** Das Zeichenpapier fixieren die Kinder mit Klebeband am Maltisch. Dann kann das Spiel losgehen. Reihum malen die Mitspieler den Buchstaben M mit schwarzem Filzstift. Dabei muss jeder Spieler beachten, dass er mit seinem Buchstaben immer die „ Flagge“ eines anderen Kindes schließt. Die Größe des Buchstabens dürfen die Kinder frei wählen. Auf diese Weise soll das Blatt mit Flaggen gefüllt werden. Ist dies geschehen, dürfen die Kinder gemeinsam die Flaggen bunt mit Mustern ausmalen. Vielleicht überlegt sich jedes Kind, wer die entsprechenden Flaggen hissen könnte.

Patchworkteppich

Bei diesem Spiel sind alle gefragt, um gemeinsam aus Bierdeckeln einen Patchworkteppich zu entwickeln.
Mindestens sechs Spieler erhalten je drei Bierdeckel. Diese sollen die Kinder mit Tonpapier, oder den verschiedenen Farben mit Mustern ausgestalten. Die variantenreichen Quadrate legen die Kinder zu einem großen Musterteppich. Dazu würfeln die Mitspieler im Uhrzeigersinn. Jeder darf dreimal würfeln. Immer wenn ein Kind eine Sechs würfelt, darf es eine seiner Karten dem Musterteppich beifügen, indem es ihn mit Kleber auf der Tapetenrolle fixiert. Dabei sollte darauf geachtet werden, dass die Bierdeckel bündig aneinander stoßen. Je mehr Spieler dabei mitmachen, desto prächtiger wird der Teppich.

Material:
Wachsmalstifte,
Filz- oder Buntstifte,
Tonpapier, Schere,
Klebstoff, Tapetenrolle,
quadratische unbedruckte Bierdeckel,
Würfel

Riesen-Asphaltbild

Beliebig viele Kinder gestalten gemeinsam ein riesengroßes Kreidebild. Dazu suchen sie sich einen großen freien Asphaltplatz (Schulhof, Parkplatz o. Ä.). Dort verteilen sie sich, so dass jeder Spieler ungefähr zwei große Schritte vor und hinter sich sowie zwei große Schritte rechts und links neben sich Platz hat. Größer sollte der Abstand nicht sein. Alle setzen sich auf den Asphalt und kreisen mit Kreide ihren Platz ein. Dann beginnt das Malen. Dabei dürfen alle den freien Platz nur so weit um sich herum mit bunten Farbmustern ausgestalten wie ihr Arm reicht, wenn sie in ihrem Kreis auf dem Boden hocken. Haben die Kinder die Asphaltfläche um sich herum

Material:
genügend
verschiedenfarbige
Kreide
für alle Kinder

bemalt, können sie gemeinsam die noch vorhandenen Löcher zwischen den Spielern ausfüllen.

Frontansicht

Material:
eine vergrößerte Kopie der neben stehenden Zeichnung für jedes Kind, Deckmalfarben, schwarzer Filzstift, Tapetenrolle, Kleber

Spielerisch können die Kinder ihren Raumempfindungen mit Farbe Ausdruck verleihen.

Jedes Kind erhält eine vergrößerte Kopie der nebenstehenden Zeichnung. Sie stellt die Frontansicht eines Hauses dar. Die verschiedenen Quadrate symbolisieren Fenster verschiedener Räume innerhalb eines Hauses.

Die Kinder erhalten die Aufgabe, die Fenster mit Farbe auszumalen. Dazu sollen sie die Farben wählen, die ihnen in bestimmten Räumen am besten gefallen würden. Es müssen nicht alle Fenster ausgemalt werden. Ist die Hausfront fertig, zeigen die Kinder sich gegenseitig ihre Bilder und erklären sie einander. Anschließend fixieren sie ihre Häuserfronten auf Tapetenbahn. Werden die Häuser bündig aneinander geklebt, entsteht ein Giebelfries.

Zwei Bilder im Tausch

Kinder erleben, das durch Zerreißen von Bildern und durch Tausch spielerisch neue Bildeffekte entstehen.
Die Kinder bilden **Paare.** Jedes Kind erhält zwei Bögen Aquarellpapier, um zwei Bilder zu malen. Dazu fixieren die Kinder ihr Papier mit Klebeband am Tisch, feuchten ihre Schwämme an und drücken sie gut aus. Mit den Schwämmen feuchten sie ihre Blätter an. Dann erst kann die Farbe auf das nasse Papier gesetzt werden. Farbe und Gestaltung können die Kinder frei wählen. Sind beide Bilder gemalt und getrocknet folgt der nächste Schritt. Dazu sucht sich jedes Kind ein Bild aus, welches senkrecht oder waagerecht in ungefähr zwei cm breite Streifen gerissen wird. Diese Papierstreifen gibt jedes Kind an seinen linken Nachbarn weiter. Das Kind sucht sich die schönsten Streifen heraus (ca. die Hälfte dieser Streifen) und klebt sie wie einen Zebrastreifen auf sein Papier auf. Die entstandenen Zwischenräume werden anschließend farbig gestaltet.

Material:
Aquarellfarben, Pinsel, Schwamm, Becher, Schere, Klebstoff für jedes Kind, 4 Bögen Aquarellpapier DIN A3 für je 2 Kinder

Fetzenbild

Die Kinder gestalten ein Bildfragment, aus dem sie in einem zweiten Schritt etwas Neues entstehen lassen. Es können **beliebig viele Mitspieler** teilnehmen.
Mehrere Tische werden zu einem Kreis oder einem Viereck zusammengestellt, so dass die Mitspieler drum herum laufen können. Über die Tische rollen die Kinder Tapete aus, welche sie mit Klebeband am Tisch fixieren. Jedes Kind erhält einen schwarzen Edding. Sobald Musik erklingt, setzen sich die Kinder hintereinander in gleicher Richtung rund um den Tisch in Bewegung. Jedes Kind hält seinen Stift dabei auf die Zeichenfläche und hinterlässt beim Gehen Wellenspuren auf dem Papier. Wenn die Musik aussetzt, wechseln

Material:
2 Raufaser-Tapetenrollen oder Packpapier, schwarzer Edding oder schwarze Wachsmalstifte in der Anzahl der Kinder, Bunt- oder Filzstifte, Kassettenrekorder, Musik, Tische, Kleber, Schere

die Kinder die Richtung und der Malprozess beginnt beim Einsatz der Musik aufs Neue. Dieser Wechsel wiederholt sich mehrmals. Ist die Musik zu Ende, sucht sich jedes Kind aus dem entstandenen Liniengewirr jeweils einen Flecken aus. Diese handgroßen Stellen reißen oder schneiden die Kinder aus der „Leinwand" heraus und gestalten sie bunt aus. Dann kleben sie die Papierfetzen auf einen Bogen Zeichenpapier und integrieren diesen in ein Bild, welches sie anschließend um den aufgeklebten Papierfetzen malen.

Fingerbilder

Material:
DIN A2 großer Bogen Zeichenpapier, drei Temperafarben, Becher, Klebeband, Wachsmalstifte

Bei diesem Spiel ist das Klecksen der Kinder auf der Malfläche Grundlage zur Bildgestaltung.

Drei Kinder erhalten gemeinsam einen Bogen Zeichenpapier. Dieser wird mit Klebeband auf dem Tisch befestigt. Jedes Kind entscheidet sich für eine Farbe. Dann kann das Malen beginnen. Dazu tauchen die Kinder ihre Finger in die Temprafarbe, spreizen die Finger auseinander und führen diese wild über die Malfläche. Die Kinder verteilen die Farbe ganz nach Lust und Laune. Nach kürzester Zeit haben sie bunte Farbspuren auf der Malfläche hinterlassen. Die verbliebenen weißen Flecken füllen die Kinder im Anschluss gemeinsam mit Wachsmalstiften aus.

Vogelflugbild

Material:
Temprafarbe, Pinsel, DIN A2 Zeichenkarton, Becher, Klebeband

Unter spielerischen Bedingungen gestalten die Kinder ein Bild aus dem Blickwinkel eines Vogels, der über ein Dorf fliegt.

Gemeinsam erhalten **zwei Kinder** einen Bogen Zeichenpapier, diesen befestigen sie mit Klebeband auf dem Maltisch. Dann erfolgt ein schrittweises Malen.

1. Schritt: An beliebigen Stellen des Zeichenpapiers in einem gewissen Abstand zueinander entstehen insgesamt sechs rechteckige (zwischen 3 und 6 cm) große rote Farbflächen. Sie symbolisieren die Dächer.
2. Schritt: Von den Rechtecken gehen in alle vier Richtungen Wege ab. Jeder Weg muss in den Weg eines anderen Hauses einmünden oder ihn durchkreuzen.
3. Schritt: Die freien Flächen zwischen den Straßen und Häusern malen die Kinder anschließend gemeinsam aus. Diese Flächen stellen blumenreiche Gärten dar.

Gemaltes Gedicht

Material:
Tapete, Klebeband, Wachsmalstifte, Silberpapier, Buntpapiere, Klebstoff, Scheren

Die Kinder malen in diesem Spiel gemeinsam ein Gedicht. Zwei Bahnen Tapete werden vom Spielleiter mit Klebeband miteinander zu einer große Malfläche verbunden und auf dem Boden mit Klebeband fixiert.

Vier bis sechs Kinder setzen sich um die Malfläche. Der Spielleiter liest langsam eines der nachfolgenden Gedichte vor, während die Kinder gemeinsam dazu ein Bild malen und gestalten. Das Gedicht sollte zunächst einmal im Ganzen vorgelesen werden und dann Zeile für Zeile langsam. Manchmal sind Lesepausen von drei bis fünf Minuten nötig.

Das Fischlein
Weißt du, was das Fischlein macht,
wenn es Langeweile hat?
Es steht ganz still im Wasser. (Pause)
Und nun gib acht!

Es bläst ein Bläslein aus dem Mund. (Pause)
Das trudelt nach oben,
kugelrund,
erst langsam, (Pause)
dann schneller, (Pause)
und platzt. (Pause)

Dann aber schickt das Fischlein
drei, vier oder mehr
silberne Bläslein
dahinter her: (Pause)
Die trudeln geschwind,
wer das erste sei,
bis sie oben sind. (Pause)

So macht es das Fischlein am Weiher.
Du meinst, das sei ein seltsamer Brauch?
Aber, wenn du ein Fischlein wärst –
du tätest es auch!

Josef Guggenmoos

Die Schnirkelschnecken

Sieben kecke Schnirkelschnecken
saßen einst auf einem Stecken (Pause)
Machen dort auf ihrem Sitze
kecke Schnirkelschneckenwitze.
Lachten alle so:
„Ho, ho, ho, ho, ho." (Pause)

Doch vor lauter Ho-ho-Lachen,
Schnirkelschneckenwitze-Machen,
fielen sie von ihrem Stecken: (Pause)
alle sieben Schnirkelschnecken.
Liegen alle da.
Ha, ha, ha, ha, ha! (Pause)

Josef Guggenmoos

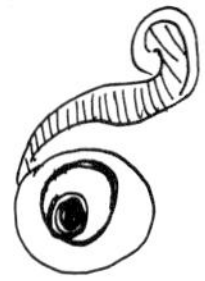

Wenn der Mops

Wenn der Mops mit der Wurst
übern Spucknapf springt
und der Storch in der Luft
den Frosch verschlingt. (Pause)

Wenn der Storch mit dem Mops
übern Spucknapf springt
Und der Frosch in der Luft
die Wurst verschlingt. (Pause)

Wenn der Mops mit dem Frosch
Übern Spucknapf springt
Und der Storch in der Luft
Die Wurst verschlingt.

Wenn der Frosch in der Luft
Übern Spucknapf springt
Und der Storch mit dem Mops
Die Wurst verschlingt.

Unbekannter Verfasser

Auf der Bank
sitzt ein Pfau
Kommt die Frau
malt ihn blau (Pause)

Sagt der Pfau:
Liebe Frau,
ich bin lieber
rot als blau (Pause)

Kommt ein Kammer-
jäger her,
gibt dem Pfau
ein Gewehr (Pause)

Wird der Pfau
puterrot
schießt den Kammer-
jäger tot (Pause)

Fährt der Pfau
in einem Boot,
wird der Wannsee
purpurrot (Pause)

Kriegt der Pfau
einen Schreck,
springt von Deck,
und ist weg. (Pause)

Walter Höllerer

Anmerkung zu dem Gedicht von Walter Höllerer: Auch wenn das Gedicht auf den ersten Blick brutal wirkt, weil von Totschießen die Rede ist, kann es durchaus Sinn machen, den Text als Basis für den kreativen Ausdruck von Kindern zu nutzen. Kinder werden in anderen Medien ohnedies ständig mit Brutalität konfrontiert, oft bleiben sie mit den Gefühlen, die das in ihnen auslöst, allein. Um so wichtiger kann es sein, ihnen mit dem Gedicht von Höllerer die Möglichkeit anzubieten, über das Schreckliche miteinander zu sprechen und es in einem Bild zu verarbeiten.

Wer wird Letzter?

Material: Zeichenpapier DIN A2, Temprafarbe, Pinsel, Becher

Ist es nicht toll, einmal der Letzte sein zu dürfen? In diesem Malspiel wird der gewinnen, der als Letzter im Ziel, in der Mitte des Bildes, ankommt.
Die Kinder bilden **Vierer-Gruppen.** Jede Gruppe erhält gemeinsam einen großen Bogen Zeichenpapier. Diesen fixiert sie mit Klebeband auf dem Maltisch. Der Spielleiter markiert die Mitte des Blattes mit einer Blume oder einem anderen Symbol. Dann malt jedes Kind mit einem Pinsel und mit Temprafarbe vom Rand einer Seite des Blattes zur Mitte hin. Dabei wird der gewinnen, welcher zuletzt die Mitte erreicht. Das bedeutet für die Spieler, dass sie möglichst viele Umwege (Zickzacklinien, Wellenlinien, Spiralen usw.) malen müssen. Je mehr Flächen ausgemalt sind, desto schwieriger ist es, von der Mitte fern zu bleiben. Die Kinder dürfen weder die bereits gemalten Linien, noch die gemalten Farbflächen ihrer Spielpartner übermalen.

Versteckte Bilder

In diesem Spiel verstecken die Kinder gemalte Umrisszeichnung hinter Linien und malen dann das Bild farbig aus. Ob der Mitspieler danach noch sein eigenes Tier wiederfindet?

Zwei Kinder bilden ein Paar. Jedes Kind erhält einen Bogen Zeichenpapier. Mit einem Filzstift malen sie den Umriss eines Tieres, eines Baumes, einer Burg oder einer Blume in die Mitte des Papiers. Dann tauschen die Partner ihre Zeichnungen untereinander aus. Die Mitspieler ziehen von jeder Seite des Blattes zwei Linien und von jeder Ecke des Blattes Diagonalen durch die zuvor gemalte Umrisszeichnung zum gegenüberliegenden Blattrand. Dabei müssen die Linien nicht unbedingt gerade sein. Dann malen die Kinder das Bild des Partners bunt aus. Ob die Spielpartner wohl die zuvor gemalte Umrisszeichnung im Bild später noch entdecken?

Material:
Zeichenblatt DIN A 4,
Filzstift,
bunte Filzstifte

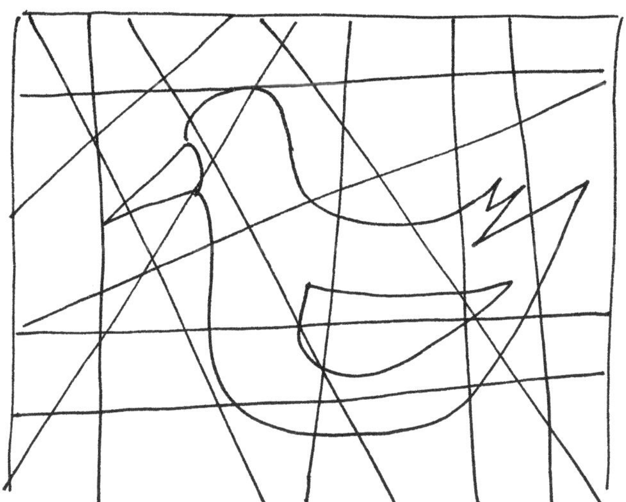

Riesenkopf

Material:
schwarze Filzstifte für alle Kinder, Tapete, Klebeband

Aus einem runden Kreis entsteht ein Kopf für mehrere Figuren. Die Spielleitung verbindet drei oder vier Tapetenbahnen mit Klebeband, so dass eine große Malfläche entsteht. In die Mitte dieser Fläche malt die Spielleitung einen runden Kreis mit einem Durchmesser von 30 cm. Dieser Kreis soll später der Kopf für alle Wesen sein, welche um den Kreis angeordnet werden. Denn bis **zu acht Kinder** können mitmachen und einen Körper an den großen Kreis malen.

Geheimschrift

Material:
Filzstift oder Bleistift, Zeichenpapier

In diesem Spiel entwickeln die Kinder eigene Ideen für eine Geheimschrift!
Jedes Kind erhält einen Bogen Zeichenpapier und schreibt an seinen rechten Nachbarn einen kurzen Brief. Dabei dürfen die Kinder

keine Buchstaben verwenden, sondern nur Bilder aneinander reihen und mit Symbolen arbeiten. Ob der Nachbar später die Geheimschrift entziffern kann?

Collagezeichnung

Aufgeklebte Einzelteile sollen die Kinder gemeinsam zu einem zusammenhängenden Bild ausgestalten.
Bis zu vier Kinder sitzen um einen Tisch herum, auf welchem zuvor mit Klebeband das Zeichenpapier befestigt wurde. Die Bilder von Kleidung und Accessoires (Schuhe, Kette, Tasche, Pullover, Knopf usw.) sind an den verschiedensten Stellen des Zeichenpapiers aufgeklebt. Diese Einzelteile geben Impulse das Bild weiter zu gestalten, indem die Kinder die einzelnen Stücke in ein Gesamtbild integrieren.

Material:
Kleidung und Accessoires aus Katalogen, Klebstoff, Zeichenpapier DIN A2, Klebeband, Filzstift, Buntstifte oder Deckmalfarben

Kritzelbilder

Bei diesem Spiel dürfen die Kinder in der ersten Phase einfach drauflos kritzeln. In einem zweiten Schritt heißt es dann die Kritzelei des Spielpartners genau zu vergleichen!
Die Kinder **bilden Paare,** jedes Kind erhält einen Bogen Zeichenpapier und einen Stift. Ungefähr drei Minuten dürfen nun die Kinder mit dem Stift auf dem Papier herum kritzeln ohne etwas Bestimmtes zu malen. Nach einer festgelegten Zeit tauschen die Kinder ihre Kritzeleien aus. Dann beginnt die eigentliche Aufgabe. Denn nun gilt es, auf einem neuen Blatt die Zeichnungen des Partners nachzumalen. Dazu ist genaues Hinschauen und Beobachten wichtig.

Material:
Zeichenpapier, Bleistift, Kugelschreiber oder Filzstift

Hand für Hand

Material:
Bleistift für jedes Kind, Filzstifte, Tapete, Klebeband

Was aus einer mit dem Bleistift umrissenen Hand alles entstehen kann.

Bis zu acht Kinder setzen sich an einen großen Maltisch, der mit Tapetenbahnen ausgelegt und auf der Arbeitsfläche mit Klebeband befestigt ist. Jedes Kind erhält einen Bleistift. Damit umfahren die Kinder auf dem Papier ihre Hand. Falls es dabei Probleme gibt, können die Kinder sich gegenseitig dabei behilflich sein. Die umfahrenen Hände stellen den Impuls dar, welcher zum Experimentieren veranlassen soll. So kann die Hand zum Schweif eines Hahnes, zu der Flosse eines Fisches oder zum Geäst eines Baumes werden. Wer wird wohl die meisten Möglichkeiten finden, die Hand in einen anderen Gegenstand zu integrieren oder umzuwandeln?

Was fällt uns ein?

Material:
Wachsmalstifte, Tapete, Klebeband

Bei dem Spiel erstellen die Kinder zusammen ein großformatiges Bild zu einem Thema.

Die Spielleitung klebt zwei Bahnen Tapete aneinander und fixiert die Malfläche auf dem Boden. Der Spielleiter nennt **einer größeren Gruppe** ein Thema, z. B. Sonne und Meer, Himmel und Hölle, Wind und Wasser, Ferien, Weihnachten, Frühling, Winter usw. Jedes Kind soll nun das, was ihm gerade zu diesem Thema einfällt, auf der Malfläche festhalten. Nachdem jedes Kind mit seiner Malerei fertig ist, betrachtet die Gruppe gemeinsam ihr Bild und jedes Kind erzählt, was ihm zu diesem Stichwort eingefallen ist.

Zerrspiegelbilder

Material:
vergrößerte Kopie der Zeichenvorlage, Buntstifte, Klebeband

In diesem Spiel geht es darum, mit der immer gleichen Figur oder Form alle vorgegebenen Felder auszufüllen.

Jedes Kind erhält eine vergrößerte Kopie der nebenstehenden Zeichenvorlage mit Feldern in verschiedenen Längen, Größen und Formen. Diese befestigen die Kinder mit Klebeband am Maltisch. Die Aufgabe besteht nun darin, jede dieser Flächen mit der gleichen Figur auszumalen, z. B. mit einem Baum. Dabei müssen die Kinder darauf achten, dass der Stamm des Baumes immer auf einer Grundlinie des entsprechenden Feldes steht und die Baumkrone möglichst das gesamte Bild ausfüllt und an die begrenzenden Linien stößt.

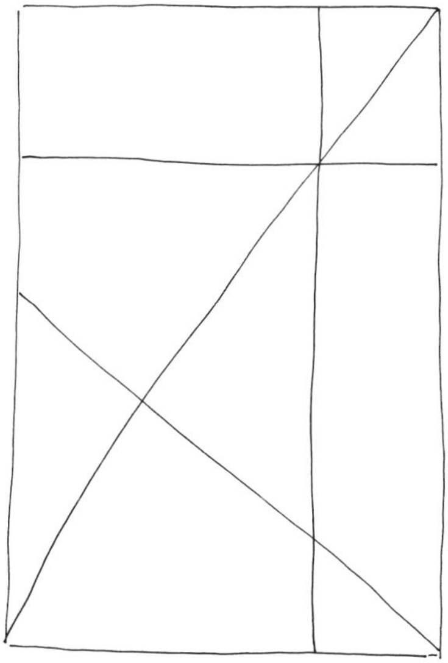

Die Kinder stellen auf diese Art und Weise spielerisch Dehn- und Streckbilder her, die Bildern in Zerrspiegeln ähnlich sind. Welches der Kinder wird wohl auf die witzigste Lösung kommen?

Riesenfratze

Material:
Zeichenpapier DIN A2, Bleistift, schwarzer Edding für jedes Kind, Filzstifte und Buntstifte

Die Kinder malen in diesem Spiel gemeinsam eine Riesenfratze über das gesamte Bild.

Vier Kinder bilden eine Gruppe. Sie erhalten gemeinsam einen Bogen Zeichenpapier, der bereits entsprechend der nebenstehenden Zeichnung in vier Felder A, B, C und D eingeteilt ist. Das Zeichenpapier fixieren die Kinder mit Klebeband auf der Malfläche. Jedem Kind wird ein Feld zugeteilt und jedes bekommt einen schwarzen Edding. Mit ihm malen die Mitspieler die folgenden Konturen gemäß der Anweisungen:

Die Kinder von Feld A und B malen in ihr Feld je ein großes Auge.

Das Kind mit dem Buchstaben C malt in sein Feld einen Mund und eine Nase.

Das Kind mit dem Feld D fügt noch Augenbrauen und die Stirn (eventuell Haare) hinzu.

Bei der Ausgestaltung ist wichtig, dass die Kinder in ihren Feldern nicht nur Auge, Nase usw. vollständig mit Farbe ausmalen, sondern die gesamte Fläche. Welche Grimasse wird wohl die Fratze nach Fertigstellung des Bildes schneiden?

Mit Musik malt es sich besser

Kreatives mit Klang und Rhythmus

Mit Musik, das wissen wir alle, geht manches leichter von der Hand. Kindern geht es ebenso. Musik als Malimpuls kann aus Malmuffeln begeisterte Pinselschwinger machen. Dabei kitzelt Musik an den Emotionen und lockt das rhythmische Gefühl von Kindern. Neben dem Rhythmus, bei dem einfach jeder mit malen muss, bringt je nach Auswahl, die Musik Kinder auch zur Ruhe. Dies gelingt besonders gut mit selbst hergestellten Mandalas, welche die Kinder zu dezenter Musik ausmalen können. Aber nicht nur die Entspannung, sondern auch die Konzentration kann gefördert werden, wenn es darum geht, Tonlängen, Tonhöhen oder Instrumente durch Linien, Formen oder Farben im Bild fest zu halten. Auf geht's! Lasst Musik und Bilder sprechen.

Flötentöne als Spirale malen

Material:
Zeichenpapier,
Filzstift,
Flöte

In diesem Spiel müssen die Kinder genau auf die Tonlänge achten und diese durch eine Spirale auf Papier sichtbar machen.
Jedes Kind erhält einen Bogen Zeichenpapier und einen schwarzen Filzstift. Die Flöte wird von der Spielleiterin immer wieder für eine

bestimmte Zeit gespielt. (Wer nicht selbst Flöte spielen kann, kann eben so gut eine CD mit Flötenmusik erklingen lassen). Die Kinder haben die Aufgabe, sich jeweils auf die Töne zu konzentrieren. Um diesen Zeitraum des Hörens visuell zu veranschaulichen, steht den Kindern die Spirale als Gestaltungsmittel zur Verfügung. Diese sollen sie so lange zeichnerisch umsetzen, wie die Töne erklingen. Bei jedem neuen Flötenspiel wird der Filzstift neu angesetzt und es entsteht eine neue Spirale.

Klangbilder

Material:
Filzstift, Zeichenpapier,
Musikinstrumente,
Geräusche oder
Musikstück

Kinder versuchen in diesem Spiel, Instrumente mit verschiedenen Linienführungen zu charakterisieren.
Jedes Kind erhält ein Zeichenblatt und einen Filzstift. Die Erzieherin lässt nacheinander, immer von einer deutlichen Pause unterbrochen, unterschiedliche Orff-Instrument erklingen, wie z.B. die

Trommel, die Triangel oder das Xylofon. Diese Instrumente unterscheiden sich deutlich in ihrem Klang. Jeder Klang ruft Empfindungen hervor. Die Kinder sollen beim Hören dieser Instrumente eine zeichnerische Linienführung entwickeln, welche ihrer Empfindung beim Hören entspricht.

Instrumentenbilder

Material:
Filzstift, Zeichenpapier, verschiedene Musikinstrumente in der Anzahl der Kinder

Die Spielleiterin erklärt **beliebig vielen Kindern,** welche Klangkörper (Instrumente) mit welchen Formen dargestellt werden sollen. Erklingt ein Instrument, so malen die Kinder die dazugehörende Form auf das Zeichenblatt. Dabei müssen die Kinder sich auf die verschiedenen Klänge konzentrieren.
Erklingt die Triangel, so wird pro Anschlag ein Dreieck gemalt.
Ertönt die Trommel, so wird pro Anschlag ein Kreis gemalt.
Ertönt das Xylophon, wird pro Anschlag ein Rechteck gemalt.
Ertönt die Rassel, so werden Punkte auf das Blatt gemalt.
Diese Liste kann jederzeit erweitert werden.
Haben die Kinder die Klänge mit Filzstift auf dem Papier umgesetzt, kann das entstandene Bild farbig ausgestaltet werden.

Alternative: An Stelle der Formen können die Kinder den Instrumenten auch Farben zuordnen. Dazu wird pro Instrument ein andersfarbiger Filzstift benötigt.

Das Linienspiel

Material:
großer Zeichenkarton, Filzstifte in Rot, Gelb, Blau, Musik

In diesem Spiel benutzen die Kinder das Zeichenpapier als Tanzfläche für die Filzstifte.
Die Kinder bilden **Dreier-Gruppen.** Jede Gruppe erhält einen großen Zeichenkarton und jeder Spieler der Gruppe erhält einen andersfarbigen Filzstift. Gespielt wird nach folgenden Regeln:
Jedes Kind wählt für sich eine Form der Liniengestaltung (z. B. Wellenlinie, Zickzacklinie, gerade Linie).
Während des Malens darf nicht gesprochen werden. Das jüngste Kind beginnt mit dem Zeichnen, sobald die Musik ertönt. Dazu setzt es den Stift auf das Papier auf und beginnt damit in seiner gewählten Linienführung über das Papier zu tanzen. Es darf den Stift so lange nicht absetzen, bis die Musik aufhört zu spielen. Erklingt die Musik von Neuem, beginnt der Nächste in der Gruppe zu malen. Er muss dort beginnen, wo sein Vorgänger aufgehört hat. Die Linien dürfen sich nicht überkreuzen.

Weitere Varianten sind möglich:
- Das Spiel kann jederzeit um Mitspieler vergrößert werden. Dazu müssen nur zusätzliche Farben zur Verfügung stehen.
- Die Linien dürfen sich überschneiden.
- Jedes Mal, wenn die Kinder Linien überkreuzen, muss auf die Kreuzung ein entsprechendes Symbol gemalt werden. Das Kind mit dem roten Stift malt z. B. an die entsprechende Stelle ein rotes Herz. Das Kind mit dem blauen Filzstift malt eine blaue Wolke, Das Kind mit dem gelben Filzstift malt eine gelbe Sonne.
- Gelb darf nur Rot schneiden, Rot darf nur Blau schneiden, Blau darf nur Gelb schneiden.

Tanzbilder

Bei diesem Spiel halten die Kinder Tanzbewegungen als malerische Linienspuren auf dem Rücken der Spielpartner fest.

Material:
Klebeband, Zeichenpapier DIN A4, Aquarellfarbe, schwarzer Filzstift, Musik

Die Kinder bilden **Paare** und befestigen sich gegenseitig ein DIN A4-Zeichenblatt mit Klebeband auf dem Rücken. Die Kinder stellen sich hintereinander im Kreis auf. Jedes Kind erhält einen schwarzen Filzstift. Dann erklingt Musik. Auf die Musik sollen die Kinder sich rhythmisch im Kreis bewegen. Dabei können sie tänzerische Bewegungen vollziehen, schreiten, marschieren usw. Der Hintermann eines jeden Mitspielers hat dabei die Aufgabe, den Filzstift auf den Rücken des Partners zu halten und die Bewegungsspur auf dem Zeichenpapier festzuhalten, ohne dabei selbst aktiv den Stift zu führen. Ist die Musik beendet, nehmen die Kinder ihre Bilder vom Rücken ihres Partners. Die entstandenen weißen Flächen können die Kinder anschließend farbig ausmalen.

Der Schlittschuhläufer

Bei diesem Malspiel versuchen die Kinder, die Tanzspuren von Eiskunstläufern mit Tintenkiller auf Papier festzuhalten.
Jedes Kind erhält einen Bogen Papier und einen Pinsel. Das Papier wird zunächst mit blauer Tinte eingefärbt. Dazu verstreichen die Kinder Tinte mit dem Pinsel. Sobald die Tinte getrocknet ist, beginnt das eigentliche Malspiel. Der Spielleiter schaltet die Musik ein. Dann beginnen die Kinder zu malen. Dazu stellen sie sich vor, sie seien Eisläufer, welche mit ihren Schlittschuhen nach der Musik über die Eisfläche tanzen.

Material:
CD-Spieler, Musik, z. B. „Der Schlittschuhläufer“ von E. Waldteufel, blaue Tinte, Pinsel, Papier DIN A 4, Tintenkiller

Malerische Reise nach Jerusalem

Material:
Kassettenrekorder oder CD-Player, Temprafarbe, Wasser, Pinsel, Tapetenrolle, Klebeband

Beliebig viele Kinder malen zum Spiel „Reise nach Jerusalem" gemeinsam ein abstraktes Bild.
Die Tapetenrolle wird mit Klebeband an der Wand befestigt. Ein Farbtopf mit Pinseln (in der Anzahl der Spieler minus eins) steht neben der Leinwand. Die Kinder bewegen sich nach Musik durch den Raum und von Zeit zu Zeit schaltet die Spieleiterin die Musik aus. In diesem Augenblick müssen alle Kinder Richtung Farbtopf rennen, einen Pinsel greifen und Farbe auf die Malfläche auftragen. Das Kind, das keinen Pinsel erhaschen kann, scheidet aus. Die Spielleiterin nimmt pro Spielrunde aus dem Farbtopf einen Pinsel heraus. Diese Spielschritte wiederholen sich so lange, bis nur noch ein Kind übrig bleibt.
Tipp: Sollte nur draußen gespielt werden, weil im Eifer des Spiels Farbe nicht nur auf dem Papier landet.

Musikalisches Linienbild

Material:
Kassettenrekorder oder CD-Player, ein klassisches Musikstück und ein rockiges Musikstück, Temprafarbe, Wasser, Pinsel, Tapetenrolle, Klebeband

Bei diesem Malspiel kommt es darauf an, Musik über Linien festzuhalten.
Jedes Kind erhält einen Edding und einen Bogen Zeichenpapier, diesen fixieren die Kinder mit Klebeband am Maltisch. Die Spielleiterin bringt die Musik zum Klingen. Die Kinder erhalten den Spielimpuls, mit dem Edding über das Zeichenblatt zu tanzen. Dabei sollen die Kinder sich genau auf die Musik konzentrieren, um musikalische Spuren auf dem Blatt hinterlassen zu können (Wird die Musik lauter oder leiser? Ist sie beschwingt oder tragend? Sind es hohe Töne oder tiefe Töne? Sind es schnelle oder langsame Klänge, sind die Töne abgerundet oder abgehackt?). Die Kinder erarbeiten so ihre Liniennotation des Musikstückes. Dazu fahren sie mit dem

Edding solange über das Blatt bis die Musik nicht mehr erklingt. Bis dahin dürfen sie den Stift nicht vom Blatt absetzen. Natürlich dürfen sich die Linien dabei auch überschneiden

Gemeinsames Musikbild

In diesem Malspiel malen die Kinder nach zwei verschiedenen Musikstücken und bringen ihre Gefühle zu beiden Musikstücken über Form und Farbe zu Papier.

Material:
Zeichenpapier, ein schwarzer Edding für jedes Kind, Kassettenrekorder oder CD-Player, Musik (z. B. Vierjahreszeiten), Klebeband

Die Kinder bilden **Paare.** Für jedes Paar wird die Tapete über den Tisch gerollt und mit Klebeband am Tisch fixiert. Den Spielern werden die Buchstaben A und B zugeordnet. Dann teilen die Kinder ihre Malfläche entsprechend der Zeichnung in vier gleichgroße Rechtecke ein, die durchnummeriert werden. Die Maler stehen einander gegenüber. Sobald die Musik erklingt, beginnen die Kinder zu malen.
Bei dem ersten Musikstück bemalt Spieler A Malfläche 1 und Spieler B die Malfläche 2. Bei dem zweiten Musikstück bemalt Spieler A Malfläche 3 und Spieler B die Malfläche 4.
Dabei sollen die Kinder nur mit Farben, Formen und Linien die beiden Musikstücke in ihrem Rechteck als Bild umsetzen.

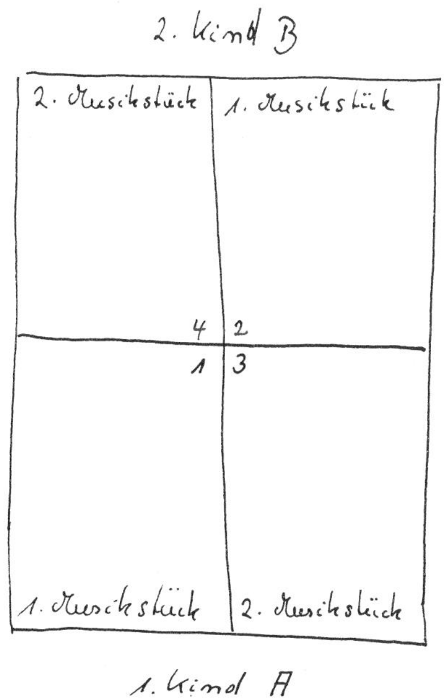

Beidhändiges Malen nach Musik

Material:
Tapetenrolle, Wachsmalkreide, Aquarellfarbe, Klebeband, sanfte Musik

Die Kinder malen in diesem Malspiel beidhändig zur Gestaltung großer Kreisschwungbilder.
Die Tapetenrollen werden mit Klebeband auf dem Tisch fixiert. **Vier Kinder** arbeiten gemeinsam an einem Bild. Jedes Kind hält in beiden Hände einen Wachsmalstift. Zu der Musik lassen die Kinder die Stifte beidhändig auf der „Tapetenleinwand" kreisen. Nach ungefähr zwei Minuten wird die Musik ausgeschaltet. Die noch freien Flächen können von den Kindern nun mit Aquarellfarben ausgemalt werden. Die Aquarellfarbe perlt an den Stellen ab, wo die Wachsmalstifte Spuren hinterließen.

Gemalte Liedgeister

Material:
Aquarellfarben in rot, gelb, grün und blau, Aquarellpapier DIN A3, Pinsel, Becher, Klebeband, schwarzer Filzstift

Bei diesem Angebot entstehen Bilder nach Liedern, die die Kinder während des Malens singen. Es können **beliebig viele Kinder** mitmachen.
Das Aquarellpapier wird mit Klebestreifen am Tisch festgeklebt. Die Spielleiterin stimmt ein den Kindern schon bekanntes Lied an und lädt die Kinder durch das eigene Tun ein, während des Singens mit rhythmischen Pinselstrichen über das Papier zu malen. Dabei werden sich die Striche auch kreuzen und reizvolle Farbmischungen entstehen. Auf dem Bild entstehen so auch zahlreiche Farblücken, weiße Flächen. Die Kinder umranden diese Flächen mit einem schwarzen Filzstift und füllen sie mit einem Gesicht aus. Ob die Gesichter wohl lachen oder weinen?

Laut-leise-Bilder

Die Kinder reagieren in diesem Spiel auf laute und leise Klänge. Sie steuern das Malen wie eine Spielzeuguhr eine Primaballerina tanzen lässt.

Jedes Kind erhält einen Bogen Zeichenpapier und einen Filzstift. Das Papier wird mit Klebeband auf dem Maltisch befestigt. Dann kann der spielerische Malprozess beginnen. Dazu schlägt die Spielleiterin eine Trommel an. Schlägt sie die Trommel laut, malen die Kinder, so lange sie den Ton hören, mit dem Stift nach oben. Schlägt sie die Trommel leise, führen die Kinder ihren Stift nach unten. So wird das Malen durch den Anschlag der Trommel gesteuert. Scheint der Ton weder laut noch leise zu sein, malen die Kinder eine waagerechte Linie. So entsteht spielerisch ein Laut-leise-Bild. Dabei dürfen sich natürlich die Linien auch überschneiden.

Material:
eine Trommel,
Zeichenpapier DIN A3 für jedes Kind,
Filzstift

Malen macht uns stark

Kreatives für Konzentration, Entspannung und innere Balance

Malen macht Kinder stark. Natürlich nicht in Form von kräftigen Muskeln, doch die „geistige Muskulatur“ wird gefestigt. Dies geschieht zum einen durch die Förderung von Individualität und kreativer Kraft und zum anderen durch bewusstes Entspannen und die Förderung von Konzentrationsfähigkeit. Sich zu konzentrieren fällt Kindern gerade in unserer Zeit schwer. Reizüberflutung ist der Nährboden für Unruhe und Unkonzentriertheit. Sich bewusst zu konzentrieren strengt Kinder an und lässt sie sehr schnell ermüden. Doch wer sich jemals der Malerei und der Spielbegeisterung hingegeben hat, konnte schon erfahren, wie sehr beide Beschäftigungen Konzentration erfordern. Dennoch ist die dabei nötige Anstrengung kaum spürbar. Kindern ergeht es ebenso. Mal- und Zeichenspiele machen ihnen Spaß und ermöglichen dabei nicht nur die Anregung der Kreativität, sondern fördern auch innere Ruhe, geistige Sammlung und Besinnung auf bestimmte Aufgaben. Konzentrationsförderung durch Spiel spornt an und lockert die Anspannung, ohne die Konzentration aufzuheben. Die Kombination zwischen Spielen und Malen ist eine gelungene Methode, um Anspannung und Entspannung im Gleichgewicht zu halten.

Suchbild

Unter dieser Anleitung entwickeln die Kinder ihre eigenen Suchbilder. **Zwei Spieler** malen unabhängig voneinander mit einem Füllfederhalter ein interessantes Bild, auf dem viele Dinge zu beobachten sind. Die beiden Zeichner zeigen einander ihre Bilder nicht. Von dem Bild fertigen sie mit dem Kopiergerät eine Kopie. Das Original verändern sie anschließend mit einem Tintenkiller: Sie entfernen 10 Kleinigkeiten aus dem Bild. Dann tauschen die beiden Spieler ihre Originale und die Kopien miteinander. Die Aufgabe für beide besteht nun darin, die Veränderungen im Vergleich zur Kopie heraus zu finden.

Material:
2 Füllfederhalter, Papier, Kopierer

Mit den Händen eines anderen malen

Die Kinder bilden **Paare.** Jedes Paar fixiert seinen Bogen Zeichenpapier mit Klebeband auf dem Tisch. Ein Kind erhält einen Wachsmalstift. Diesem Kind werden auch die Augen verbunden und es setzt sich auf einen Stuhl vor die Malfläche. Sein Partner platziert sich hinter ihm. Er nimmt die Hand des „blinden" Malers, führt sie über die Malfläche und malt auf diese Weise ein Motiv. Die Aufgabe für das „blinde" Kind besteht darin, aufgrund der Führung der Hand zu erkennen, um welches Motiv es sich handelt. Nach zehn Motiven findet ein Partnerwechsel statt. Wer von beiden wird wohl die meisten Motive erkannt haben?

Material:
Zeichenpapier, Wachsmalstifte, Deckmalfarben, Pinsel, Becher, Klebeband, Augenbinde

Der Irrgarten

Material: Zeichenpapier, Edding, Buntstifte

Die Kinder entwickeln in diesem Spiel gemeinsam ein Labyrinth: Dazu bilden sie **Vierergruppen.** Zusammen erhalten sie einen Bogen Zeichenpapier DIN A3. Auf diesem Bogen soll nun der Irrgarten entstehen. Dazu haben die Kinder zwei bis vier Striche zur Verfügung, die sie nur entsprechend den nebenstehenden Zeichnungen anordnen dürfen. Jeder Spieler muss dort weiter machen, wo der Vorgänger aufgehört hat. Oder die Kinder malen gleichzeitig von ihrer Tischseite auf die Mitte zu. Der Irrgarten ist dann fertig, wenn das Bild ganz und gar mit Wegen überzogen ist. Ob wohl später jemand einen Weg durch den Irrgarten findet?

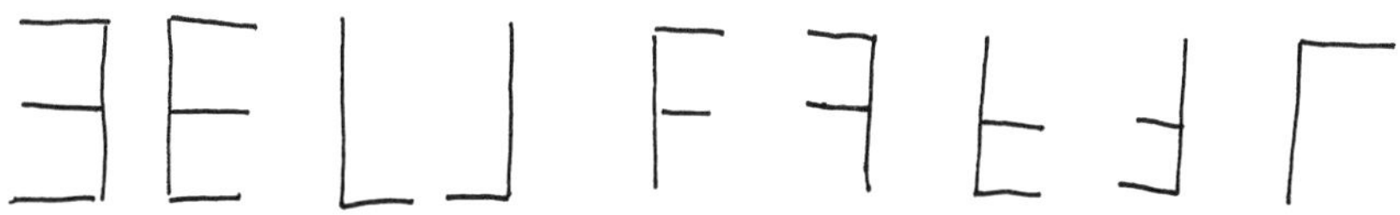

Beispiel:

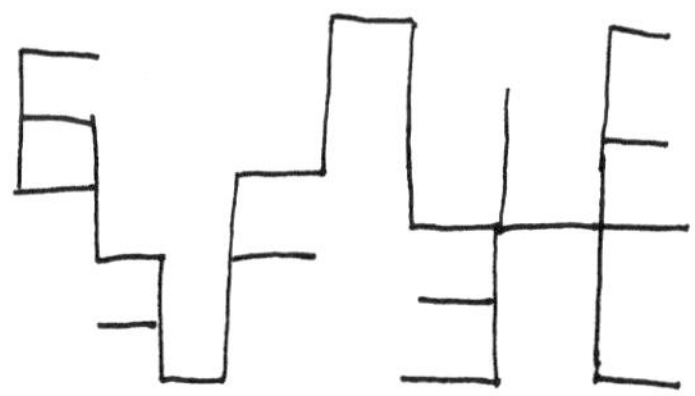

Blindekuh

Material: Augenbinde für jedes Kind, Bleistift, Zeichenblatt

Jedes Kind erhält einen Bogen Zeichenpapier und einen Bleistift. Mit verbunden Augen malen die Kinder nun ein Bild. Die Kinder erzählen einander nicht, was sie malen. Wenn sie fertig sind, dürfen sie ihre Augenbinde abnehmen. Sie werden über ihr eigenes Werk überrascht sein. Alle Kinder geben nun im Uhrzeigersinn ihr Bild an ihren linken Tischnachbarn weiter. Dieser hat die Aufgabe zu erraten, was sein Nachbar wohl darstellen wollte.

Mosaikspiel

In verschiedenen Gruppen gestalten die Kinder kleine Puzzles, die innerhalb der Gruppen später ausgetauscht und zusammengefügt werden.
Die Kinder bilden **Zweier- oder Vierergruppen.** Jeder Mitspieler erhält einen Zeichenkarton. Auf den Zeichenkarton malen die Kinder mit Temprafarbe ein buntes Muster. Sind die Bilder getrocknet, werden diese von den Kindern in zehn unregelmäßige Puzzleteile zerschnitten. Die Puzzelteile aller Kinder werden zusammengelegt und miteinander vermischt. Nun kann das Spiel beginnen. Welches der Kinder wird seine Teile am schnellsten aus dem Berg sortiert und sie zusammengelegt haben?

Material:
fester Zeichenkarton für jedes Kind in DIN A4, Temprafarbe, Becher, Pinsel, Schere

Einander ein Bild erzählen

Die Kinder bilden **Paare.** Ein Spieler übernimmt für ungefähr 10 Minuten die Rolle des Erzählers, der andere die Rolle des Malers. Er erhält Zeichenpapier und einen Bleistift. Während der Erzähler das Bild beschreibt wird der „Maler“ versuchen, eine Zeichnung entsprechend dieser Beschreibung anzufertigen. Anschließend findet ein Rollentausch statt. Der Erzähler erhält dabei eine andere Kunstpostkarte. Haben beide Erzähler ihre Beschreibung beendet, dürfen beide „Maler“ ihr Bild bunt ausmalen. Anschließend vergleichen die Kinder ihr Bild mit der entsprechenden Kunstpostkarte. Wie ähnlich werden sich Vorlage und gemaltes Bild sein?
Tipp: Grundsätzlich eigenen sich alle Kunstpostkarte. Besonders reizvoll kann es sein, Kinder Bilder von Malern der Moderne wie Klee, Miro, Picasso usw. beschreiben zu lassen.

Material:
Zeichenpapier, 2 Kunstkarten, Bleistift, Filzstifte, Wachsmal-, Buntstifte oder Temprafarbe

Figuren aus dem Rechenheft

Material:
kariertes Papier aus einem Rechenheft, Faserschreiber, Filzstifte

Jedes Kind erhält einen Bogen kariertes Papier. Die Kinder probieren auf diesem Papier mit Hilfe der quadratischen Kästchen möglichst viele Figuren aus fünf zusammenhängenden Quadraten zu bilden (12 sind möglich). Dazu umfahren die Kinder die äußere Form mit einem Faserschreiber. Haben alle Kinder möglichst viele unterschiedliche Variationen gefunden, malen die Kinder ihre Formen bunt aus. Anschließend können sie auch den Hintergrund mit einer Farbe ausmalen.

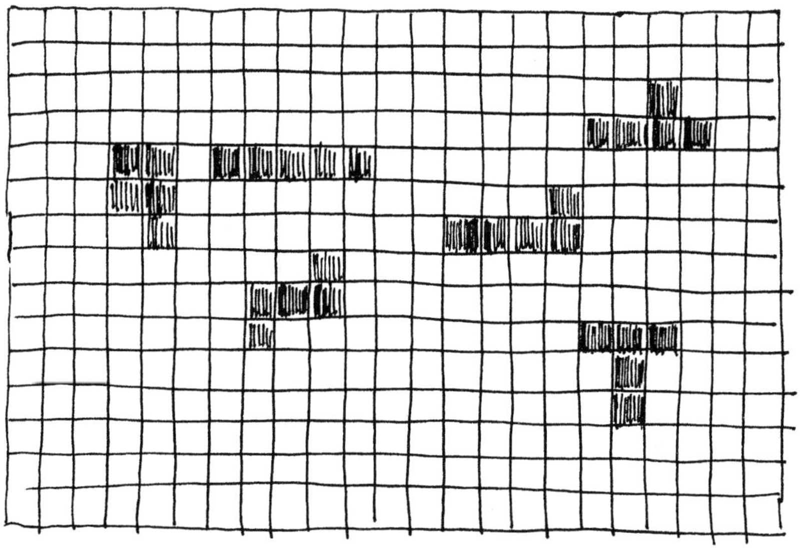

Was entsteht aus Kreisen ?

Die Kinder bilden **Paare.** Jedes Kind erhält einen anders farbigen Filzstift. In der Mitte des Tisches ist mit Klebeband ein Zeichenbogen befestigt. Jedes Kind erhält den Auftrag, auf dem Blatt insgesamt acht Kreise in einem gewissen Abstand zueinander auf das Bild zu malen. Dabei können sie entscheiden, ob sie die Kreise paarweise oder verstreut auf dem Papier anordnen möchten und wie groß ihre Kreise sein sollen. In einem weiteren Schritt soll jedes Kind die Kreise seines Partners mit Bedeutung versehen, indem es Farbe, Flächen oder Linien hinzufügt. So können z. B. Knöpfe, ein Luftballon, Autos oder eine Sonne entstehen. Anschließend können die Kinder den Hintergrund gemeinsam ausmalen.

Material:
Filzstifte in zwei verschiedenen Farben, DIN A3 Zeichenbogen, Buntstifte, Klebeband

Heiter bis wolkig

In diesem Spiel geht es um das Bewusstmachen von Stimmungen, die in einer Wetterkarte festgehalten werden.
Eine größere Gruppe von Kindern malt gemeinsam auf einer großen Malfläche. Dazu werden von der Spielleitung mit Klebeband zwei Bahnen Tapete aneinander geklebt und am Fußboden fixiert. Die Kinder bekommen die Aufgabe, ihre momentane Stimmung durch Witterungsbedingungen malend auszudrücken. Wer also gut gelaunt ist, könnte zum Beispiel eine Sonne malen oder wer wütend ist, könnte das eventuell mit einem Gewitterblitz darstellen. Die Kinder finden bestimmt viele Möglichkeiten, ihren Stimmungen Ausdruck zu verleihen. Haben alle Kinder ihre Motive auf der Tapete festgehalten, ist eine Art Stimmungswetterkarte der Malgruppe entstanden.

Material:
Zeichenpapier für jedes Kind, schwarzer Filzstift, Buntstifte

Erst fühlen, dann malen

Material:
pro Spiel eine Kordel 50 cm lang, Filzstifte, Zeichenpapier DIN A 2, Augenbinden, Klebeband, Tuch

In diesem Spiel entstehen Bilder aufgrund von ertasteten Seilfiguren. Die Kinder bilden **Paare.** Das Zeichenpapier fixieren die Kinder mit Klebeband auf dem Maltisch oder dem Boden. Einem der Spieler werden anschließend die Augen verbunden. Dieser erhält einen Filzstift und Zeichenpapier. Der andere Spieler erfüllt die Aufgabe, mit der Schnur Formen zu legen. Diese Formen sollen anschließend von seinem Spielpartner ertastet werden, damit er ein geistiges Bild davon erhält. Dann wird die Form mit einem Tuch abgedeckt. Die Kinder lösen die Augenbinde, damit die ertastete Form auf Papier aufgemalt werden kann. Anschließend Rollentausch.

Tintorello

Material:
Zeichenpapier, Tinte, Pinsel

Ein geheimnisvolles Bild wird mit Tinte sichtbar. Mindestens **drei Kinder** spielen miteinander. Sie wechseln sich ab. Ein Spieler beginnt: er überlegt sich einen einfachen Gegenstand. Diesen malt er mit dem Tintenkiller auf das Zeichenpapier. Während des Malens müssen die Spielpartner die Zeichenbewegungen ihres Mitspielers beobachten und versuchen zu erraten, welchen Gegenstand dieser gemalt haben könnte. Jeder Spieler darf eine Vermutung äußern. Ob sie richtig beobachtet haben wird deutlich, wenn der Maler seine Zeichnung anschließend mit Tinte übermalt. Der Spieler, welcher als erstes richtig rät, erhält einen Punkt, ebenso der Maler. Erkennen die Mitspieler den Gegenstand nicht, erhält nur der Maler einen Punkt. Die Kinder spielen zehn Runden. Danach zählen sie ihre Punkte zusammen. Wer die meisten Punkte gesammelt hat, ist der Gewinner.

Spiegelbilder

Zwei Kinder sitzen einander gegenüber. Jedes Kind hat einen Zeichenbogen und einen Filzstift zur Verfügung. Die Kinder einigen sich darauf, wer der Vormaler und wer der Nachmaler ist.
Der Vormaler malt auf seinen Bogen einen einfachen Gegenstand. Der Nachmaler muss gleichzeitig versuchen, diese Objekte spiegelverkehrt auf seinen Bogen zu übertragen. Gelingt ihm die spiegelverkehrte Darstellung.
Tipp: Betrachten Sie vor diesem Spiel gemeinsam mit den Kindern mehrere Gegenstände bewusst im Spiegel. Sprechen Sie darüber, was passiert.

Material:
DIN A4 Zeichenpapier, Filzstift

Ertastete Bilder

Ertastete Gegenstände werden anschließend auf Papier übertragen. Die Spielleitung klebt zwei große Bahnen Tapete aneinander und fixiert die Malfläche auf dem Boden. Unter einer Decke sind Gegenstände versteckt. Eine **größere Gruppe** von Kindern setzt sich um die Decke herum. Nacheinander ergreift ein Kind nach dem anderen einen Gegenstand unter der Decke und versucht diesen zu ertasten, ohne ihn unter dem Tuch hervorzuholen. Sobald die Kinder ihren Gegenstand ertastet haben, gehen sie schweigend zur Malfläche und malen dort den Gegenstand mit Wachsmalstiften auf. Haben alle Kinder ihren Gegenstand auf die Tapete gemalt, wird das Tuch von den Gegenständen entfernt. Die Kinder können nun vergleichen, ob sie die Objekte richtig erkannt und einige vielleicht sogar den gleichen Gegenstand erfühlt und gemalt haben.

Material:
verschiedene Gegenstände (mindestens in der Anzahl der Spielteilnehmer), ein Tuch, Tapete, Klebeband

Farbquadrate

Material:
vier Buntstifte in verschiedenen Farben, Faserschreiber, verschieden große viereckige Schachteln, DIN A4 Zeichenpapier

Dieses Bild gestalten die Kinder aus Vierecken. Beim späteren Ausmalen dürfen keine gleichfarbigen Flächen nebeneinander liegen.
Jedes Kind erhält ein DIN A4 Zeichenpapier. Mit Hilfe der verschieden großen Schachteln überziehen die Kinder das Blatt mit einem Muster aus Rechtecken und Quadraten. Dazu umfahren sie die Schachteln mit dem Faserschreiber. Anschließend sollen die Kinder die Vierecke mit vier verschiedenen Buntstiften ausmalen, ohne dass gleichfarbige Felder nebeneinander liegen. Gleiche Farben dürfen sich nur an den Ecken berühren.

Gemeinsam Parallelen malen

Material:
Tapete, Klebeband, schwarzer Edding, Temprafarbe, Becher, Pinsel

Bei diesem Malspiel müssen die Kinder sich beim Malen von Linien aufeinander einlassen. Die Kinder bilden **Paare.** Die Paare rollen Tapete aus und fixieren diese mit Klebeband auf dem Tisch.
Dann setzen sie sich an der Schmalseite des Tisches nebeneinander. Abwechselnd übernehmen sie die Führung. Der erste Spieler überlegt sich ein Muster, welches er mit einer Linie von Seite A nach Seite B malen kann, ohne den Stift abzusetzen. Der zweite Spieler muss sich, währenddessen parallel mit seiner Linie seinem Partner anpassen und sich ganz auf ihn einlassen. So entstehen zwei parallele Linien.

Dann übernimmt der zweite Spieler die Führung. Das Linienziehen wiederholt sich, bis das Blatt voll ist. Dann füllen die Kinder gemeinsam die Zwischenräume mit Farben und oder Mustern aus.

Regentropfen ziehen Wasserkreise

Dieses Malspiel gibt einen kleinen meditativen Impuls. Die Kinder bilden **Vierergruppen.** Vor jeder Gruppe liegt ein Bogen Zeichenkarton. Die Erzieherin erzählt die Geschichte der Regentropfen Trips (1. Kind), Trops (2. Kind), Plitsch (3. Kind) und Platsch (4. Kind):

Material:
großer Zeichenkarton, schwarzer Edding oder Filzstifte, Wachsmalstifte oder Deckmalfarben

Vier Regentropfen freuen sich jedes Mal, wenn sie vom Himmel in einen still ruhenden See fallen. Denn immer, wenn sie in den See tropfen, geschieht etwas ganz Besonderes. Der See beginnt ein wirbelndes, tanzendes Muster zu bilden. Das Muster entsteht dadurch, dass genau um die Stelle, wo Trips, Trops, Plitsch und Platsch mit einem Kopfsprung ins Wasser springen, sich anschließend viele immer größer werdende Kreise bilden (siehe Zeichnung), welche um die Einsprungstelle tanzen und in Regenbogenfarben glitzern.

Anschließend tropfen die Kinder symbolhaft als Trips, Trops, Plitsch und Platsch Punkte auf ihr Zeichenblatt mit einem dicken schwarzen Filzstift und ziehen mehrere Kreise um ihre Punkte. Dabei kommt es sicherlich auch zu Überschneidungen. Die dadurch entstandenen kleinen Teilflächen malen die Kinder anschließend mit Regenbogenfarben bunt aus.

Kreisbild

Material: großformatiger Zeichenkarton, schwarzer Edding oder Filzstifte, Augenbinde

Die Kinder bilden **Paare.** Einem der Spieler werden die Augen verbunden. Dieses Kind erhält einen Filzstift. Auf der Arbeitsfläche liegt der großformatige Zeichenkarton. Mit Hilfe seines Partners, soll das „blinde" Kind mit dem Filzstift ungefähr 20 Punkte auf der Malfläche verteilen. Danach findet ein Rollentausch statt. Haben beide Kinder ihre Punkte gesetzt, besteht die Aufgabe darin, um jeden Punkt ein bis zwei beliebig große Kreise zu malen. Dabei kommt es zu Überschneidungen. Auf diese Weise entsteht ein Muster, das aus vielen kleinen Flächen besteht. Diese malen die Kinder im Anschluss gemeinsam farbig aus.

Schneckenhaus malen

Material: Zeichenkarton DIN A3, ein Edding oder Filzstift für jedes Kind, Buntstifte, Filzstifte oder Wachsmalstifte

Zahlreiche auf dem Blatt verteilte Punkte bilden den Ausgangspunkt zum Malen von verschiedenen Schneckenhäusern.

Vor **zwei Kindern** liegt der Zeichenkarton. Über das Zeichenpapier verteilt jedes Kind willkürlich ungefähr 15 Punkte mit dem Filzstift. Um diese Punkte ordnen die Kinder viele kleine und große Schneckenhäuser an. Der Punkt bildet dabei den Mittelpunkt des Schneckenhauses, von wo aus sich die Linie spiralförmig nach außen vergrößert. Die Linien

der Schneckenhäuser dürfen sich nicht überschneiden. Das Bild sollte anschließend mit Schneckenhäusern so bedeckt sein, dass sich ihre äußeren Linien berühren. Anschließend malen die Kinder gemeinsam die ineinander gelegten Kreise farbig von innen nach außen aus.

Tagebuchbild

Ein Tagebuchbild entsteht, das die Kinder über mehrere Tage begleiten kann und ihre Tagesstimmungen dokumentiert.
Dazu erhält **jedes Kind** einen Bogen Zeichenpapier. Über den Zeichenbogen malen die Kinder mit Filzstift verschieden große Formen, die sich auch überschneiden können. Jede Form und jede aus Überschneidung entstandene Teilfläche steht sinnbildlich für einen Tag. Jeden Tag malen die Kinder eine Fläche aus und zeigen durch die Auswahl der Farbe ihre Tagesstimmung an. So gibt es rosa Tage, rote Tage, gelbe Tage usw. Sind alle Flächen mit Farbe ausgemalt, ist ein bildhaftes Stimmungstagebuch entstanden.

Material:
Zeichenpapier für jedes Kind, schwarzer Filzstift, Buntstifte

Stimmungsbilder

Die Kinder malen gemeinsam ein Bild entsprechend ihrer Gefühle und Stimmungen.
Die Kinder bilden **Paare.** Sie rollen die Tapete über dem Tisch aus und fixieren diese mit Klebeband. Anschließend teilen die Kinder die Malfläche entsprechend der Zeichnung in drei gleichgroße Felder (A; B; AB) ein. Die Kinder platzieren sich auf zwei gegenüberliegenden Seiten. Da Linien, Formen und Farben Stimmungen ausdrücken können, erhalten die Kinder den Impuls, ihre momentane Stimmung mit solchen Elementen darzustellen. Dafür hat ein Spieler die

Material:
Tapetenrolle, Klebeband, Temprafarbe, Pinsel, Becher, Bleistift

Malfläche A, der andere Spieler die Malfläche B zur Verfügung. Dabei können Angstbilder, Wutbilder, Aggressionsbilder usw. entstehen. Haben die Kinder ihr Stimmungsbild zu Ende gemalt, erfolgt ein zweiter Schritt. Die Kinder malen gemeinsam den mittleren Bereich aus, indem sie sich malend aufeinander zu bewegen und jeder von seinen Gefühlen in Form Linie und Farbe etwas abgibt.

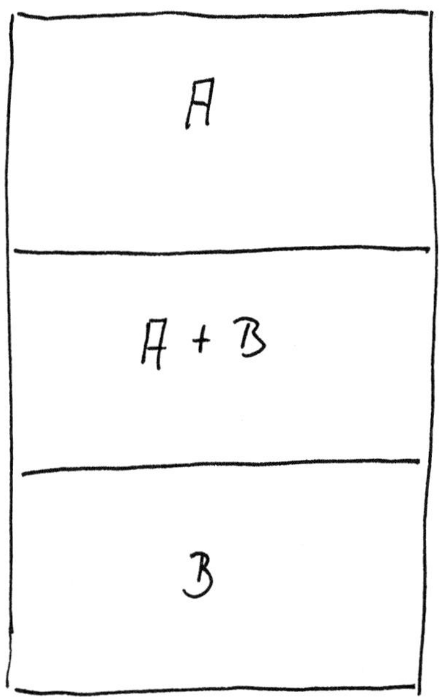

Schluss-Punkt

Hätten Sie gedacht, dass der Erweb von Kompetenzen so viel Spaß machen kann? Bei den Mal- und Zeichenspielen sollen vor allem Spaß und Freude erlebt werden, dass dabei auch eine Menge Kompetenzen erworben werden, soll angenehmes Nebenprodukt bleiben. Kinder sollten Qualifikationen erwerben, ohne dies als zwanghaftes Lernen zu erfahren. Schon deshalb wurde im Vorwort nur angedeutet, dass Kinder durch das spielerische Gestalten Fähigkeiten erweitern können, die sie für ihre eigene Entwicklung benötigen. Um im Buch das Interesse an Ergebnisorientierung zu mildern, wurde auch auf die Aufzählung der unterschiedlichen Kompetenzen bei jedem Spiel verzichtet. Sicher werden Sie beim Durcharbeiten dieses Buches entdeckt haben, welche Kompetenzen sich hinter den verschiedenen Malspielen verbergen. Dazu gehören die Wahrnehmungsfähigkeit, Assoziationsfähigkeit, Spontaneität, Originalität und Flexibilität ebenso wie die Entwicklung von Sensibilität, Rhythmik, Konflikttoleranz oder soziale Kompetenz. Diese Fähigkeiten sind wichtig für die positive Entwicklung der Kinder – nicht nur im Bereich von Kreativität und schöpferischem Gestalten.

Kurzbibliographie

Goecke-Seischab, Margarete Luise: Mit Stift und Papier, Kösel-Verlag, München 1998.
Graf, Claudia: Ich bin ein blauer Elefant, 2. Auflage, Kohl-Verlag, Aachen 1999.
Martini, Ulrich: Erde als Spiel- und Gestaltungsmittel, in: Praxis Spiel und Gruppe, Juni 2000, Matthias-Grünewald-Verlag, Mainz 2000.
Neidhardt, Uschi: Meditative Spiele, rororo-Verlag, Hamburg 1991.
Oussoren-Voors, Raghild: Schreibtanz I, 3. Auflage, Verlag Modernes Lernen, Dortmund 2001.
Paolorsi, Serge; Saey, Alain: Les arts plastiques a l´ecole, Retz-Verlag, Paris 1998.
Portmann, Rosemarie: Spiele zum Umgang mit Aggression, 5. Auflage, Don-Bosco-Verlag, München 1990.
Rathmann, Ingeborg; Weiss, Margot: Rhythmik und Gestalten, ALS-Verlag, Frankfurt 1987.
Schmid, Gregor: Mal- und Zeichenspiele in der Gemeinschaft, Don-Bosco-Verlag, München 1986.

Quellen

S. 69: Josef Guggenmos: Das Fischlein, aus: Was denkt die Maus am Donnerstag? 1998 Beltz Verlag, Weinheim u. Basel, Programm Beltz +Gelberg, Weinheim.
S. 70: Josef Guggenmos: Die Schnirkelschnecken, aus: Was denkt die Maus am Donnerstag, 1998 Beltz Verlag, Weinheim u. Basel, Programm Beltz +Gelberg, Weinheim.
S. 71: Walter Höllerer: Kinderlied für Florian, © Walter Höllerer